# 한자는 어떻게
## 공부의 무기가 되는가

한자를 알면 개념을 알고 개념을 알면 공부가 된다!

# 한자는 어떻게
## 공부의 무기가 되는가

한근태 지음

클라우드나인
CLOUD 9

# 한자는 생각하게 하는 언어다

최근 모 정치인이 무운을 빈다는 말을 했는데 그 말이 파장을 불러 일으켰다. 무운武運을 운이 없기를 바란다는 뜻의 무운無運으로 해석한 사람 때문이다. 어떻게 운이 없기를 바란다는 말을 할 수 있느냐는 것이다. 참 기막힌 일이 아닐 수 없다. 지인 중 한 사람은 초등학생 아들이 "아빠, 최저임금이 어느 시대 때 임금이야? 세종과 비슷한 시대에 살았어?"란 질문을 했다고 한다. 여러분은 위의 얘기를 듣고 무슨 생각을 했는가? 한자를 모를 때 일어나는 일이다. 그 아이는 왕을 뜻하는 임금과 급여를 뜻하는 임금賃金을 구분하지 못했기 때문이다. 한자를 공부하지 않으면 일어나는 일이다.

한자는 생각하게 하는 언어다. 한자를 알면 생각의 깊이가 깊어지고, 한자를 모르면 생각에 한계가 생긴다는 말이다. 우리가 한자를 공부해야 하는 이유다. 관련해 모델 겸 사업가인 홍진경 얘기를 하고 싶다. 그녀는 학창 시절 공부와는 담을 쌓고 지냈다고 한다. 그래도 타고난 재능이 있어 모델 일과 김치 사업을 통해 경제적으론 잘살았다. 그런데 결혼해 아이를 키우면서 문제가 생긴다. 아이에게 공부를 가르쳐주고 싶은데 아는 게 없으니 제대로 가르쳐줄 수 없었던 것이다. 그래서 먼저 자신이 공부하기로 결심하고 공부깨나 한다는 사람들을 섭외해 그들에게 실제 공부를 배우면서 그 과정을 유튜브에 올렸는데 구독자가 90만 명이 넘는다. 대단한 일이다. 초년에는 공부를 안 했지만 뒤늦게 공부를 시작해 공부에 재미를 느낀 것이다.

그녀가 만난 사람 중 메가스터디를 만든 손주은 회장 얘기가 흥미롭다. 공부에 대한 내 생각과 정확하게 일치한다. 그의 말이다. "공부는 개념입니다. 개념을 이해하는 것이 가장 중요합니다. 개념을 이해하지 못한 채 무언가를 외우는 건 소용이 없습니다. 그런데 개념은 용어 안에 있고 용어의 70퍼센트는 한자로 돼 있습니다. 한자를 알아야 개념을 알 수 있고 개념을 알아야 공부를 잘할 수 있습니다." 한마디로 공부를 잘하려면 한자를 알아야 한다는 것이다. 그래야 정확한 개념을 이해할 수 있는데 문제는 요즘 사람들은 한자를 모른다는 것이다. 보통 문제가 아니다.

오래 전부터 혼자 한자를 뜯어보고 해석하는 취미를 갖고 있다. 자주 쓰는 축하와 감사를 보자. 축하祝賀의 축은 빌 축祝이다. 잘되길 빈다는 의미다. 보일 시示+형 형兄이다. 보일 시는 제사를 지내는 제단의 의미이고, 형은 무릎을 꿇고 비는 형국이다. 하례할 하賀는 더할 가加+조개 패貝인데 조개는 돈을 뜻한다. 엄밀한 의미에서 축하에는 돈이 있어야 한다는 의미 아닐까? 돈 없이 말로

만 축하는 축하가 아니다. 아니 그냥 축이다. 결혼식 때 오는 손님을 축객이라 하지 않고 하객이라고 하는 것도 그 때문일 것 같다. 물론 나만의 해석이다. 그럼, 감사感謝는 어떨까? 느낄 감感은 다할 함咸+마음 심心이다. 감은 마음을 다한다는 말이다. 사례할 사謝는 말씀 언言+쏠 사射다. 말로 쏴야 한다는 말이다. 마음을 다해 말로 표현하는 것이 감사의 의미다. 혼자만 속으로 감사한 건 감사가 아니란 말이다.

한자는 뜯어볼수록 재미가 있고 깨달음을 준다. 비슷한 말 같지만 차이를 알게 해준다. 피로와 피곤이 그렇다. 여러분은 둘의 차이를 알고 있는가? 여러 사람에게 물어봤지만 제대로 아는 사람이 별로 없었다. 그런데 한자로 옮겨보면 차이를 조금 짐작할 수 있다. 피로疲勞의 로는 일할 로勞다. 힘써서 일한 결과 피로한 것이다. 피곤疲困의 곤은 곤할 곤困인데 네모 안에 나무 목木이 들어있다. 정신적인 피곤함을 표현한 거 아닐까? 오랫동안 차를 타거나 회의를 하거나 대인관계 때문에 피곤한 걸로 난 생각한다. "그 친구 참 피곤해"란 말은 써도 "그 친구 참 피로해"란 말을 쓰지는 않는다. 그렇게 보면 피로와 피곤은 완전히 다른 말이다. 당연히 해소법도 달라져야 한다. 피로는 육체적인 것이기 때문에 쉬거나 잠을 자는 게 최선이지만, 피곤은 정신적인 것이기 때문에 오히려 몸을 움직이는 게 낫다. 영어로는 어떨까? 피로의 영어는 퍼티그fatigue, 피곤은 식앤드타이어드sick and tired 정도로 하면 될 것 같다. 실험실에서 내구성 실험을 퍼티그 테스트fatigue test라고 한다. 샘플에 계속해서 하중을 가해 언제 끊어지는지를 보는 실험이다.

　우는 것에는 읍과 곡 두 종류가 있다. 읍泣은 물 수氵+설 립立이다. 서서 눈물을 흘리는 것이 아닐까? 난 이렇게 상상한다. 읍 관련한 말로는 읍소泣訴가 있다. 울면서 호소한다는 말이다. 읍참마속泣斬馬謖이란 말도 있다. 제갈공명이 울면서 마속의 목을 베었다는 데서 유래한 말이다. 그때 제갈공명은 소리는 내지 않고 눈물만 흘렸을 것이다. 그렇다면 곡哭은? 개 견犬 위에 입 구口가 두 개 있다. 소리 내어 우는 걸 곡이라 하지 않을까? 곡소리 할 때의 그 곡이다. 상갓집에서 곡을 하는 것도 그 곡이다. 내가 생각하는 읍은 소리 내지 않고 우는 것, 곡은 소리 내면서 우는 것이다.

　이 책을 쓰면서 한자에 대한 내 사랑은 더 커졌다. 괘씸하다란 말이 마음에 걸어 둔다는 괘심掛心이란 말에서 유래했다는 사실을 발견했을 때는 너무 짜릿했다. 하지만 이 책에 대한 반응은 두렵다. 한자에 대한 내 지식은 너무 얕고 깊이가 없기 때문이다. 학문적 근거 없이 그냥 마음대로 해석한 것도 많기 때문이다. 그럼에도 불구하고 이 책을 쓴 이유는 한자 공부가 너무 중요하다고 생각했기 때문이다. 몇 가지 원리만 알면 공부에 재미를 붙일 수 있겠다는 생각이 들었기 때문이다. 무엇보다 한자에 대한 사람들의 관심을 불러일으키고 싶은 욕심 때문이다.


2021년 11월
한근태

## 차례

# 가죽

가죽 피皮, 가죽 혁革

화학 회사에 처음 입사해 가장 이상했던 단어가 레자였다. 사람들이 레자, 레자 하는데 처음 듣는 말이었다. 창피를 무릅쓰고 무슨 말인지 물었더니 가죽을 뜻하는 레더leather란다. 왜 레더라고 부르지 않고 레자라고 부르는지 물어봤다. 일본 사람들이 그렇게 불러서 따라 한 것이란다. 1980년대 초반의 일인데 이해는 할 수 있었다. 기술이 앞선 일본을 통해 기술을 배우면서 관련 언어까지 같이 수입했기 때문이다. 물이 위에서 아래로 흐르듯이 언어도 잘 사는 나라에서 못사는 나라로 흐른다. 우리가 지금 열심히 영어를 공부하는 이유다. 만약 우리가 잘살거나 배울 게 있으면 외국인들이 한국어를 열심히 공부할 것이다.

지금은 레자를 인공가죽을 뜻하는 말로 사용한다. 주로 PVC*에 가소제를 섞어 만든다. 자동차용 시트에 많이 사용되는데 천연가죽과는 구분된다. 비싼 차는 천연가죽을 사용하고 싼 차는 인공가

---

* 염화비닐을 주성분으로 하는 플라스틱

죽을 사용한다. 가죽은 우리말이고 한자로는 피혁皮革이다. 가죽 공장이라고 하는 대신 피혁 공장이란 말을 사용한다.

그런데 피와 혁의 차이를 알고 있는가? 피와 혁은 완전히 다르다. 가죽 피皮는 있는 그대로의 짐승 가죽이다. 털이 있는 그대로의 모양이다. 전혀 다듬지 않았다. 가죽 혁革은 털을 뽑고 무두질한 가죽을 뜻한다. 화학 처리를 해서 부드럽게 만든 것이다. 가죽의 털을 뽑지 않은 채 무두질한 건 모피毛皮라고 한다. 털 모毛에 가죽 피皮다. 털가죽이란 말이다. 여성들이 좋아하는 털이다.

# 감사
## 느낄 감感, 사례할 사謝

감사感謝란 말을 뜯어보자. 마음 심心+다할 함咸, 말씀 언言+
쏠 사射를 쓴다. 마음을 다해 말로 표현해야 한다는 말이다. 그냥
속으로만 고맙다고 생각하는 건 소용이 없다는 뜻이다. 감사에는
역逆인과응보 법칙이 작용한다. 성공한 사람이 감사할 줄 아는 게
아니다. 감사할 줄 알아야 성공한다. 작은 감사라도 잊지 않는 사
람이 성공한다.

윤은기 전 중앙공무원교육원 원장은 공군장교로 복무하던 시절
의 상관을 지금도 찾아가 인사드리고 부부 동반으로 식사를 한다.
거의 40년째 해오는 연례행사다. 인생의 롤모델을 젊은 시기에 만
나 큰 배움을 얻었다는 감사와 예전 어록과 교훈으로 이야기꽃을
피운다. 그 상관은 "나를 거쳐 간 부관 가운데 이렇게 감사를 표하
는 이는 당신뿐입니다. 그것만으로도 당신은 보통 사람이 아닙니
다"라며 고마워한다.

여러 리더가 학창 시절 스승이나 멘토를 평생 찾아뵈며 감사의
마음을 전하는 모습을 볼 때마다 역인과응보 법칙을 생각하게 된

다. 상대가 '꺼진 불인지 켜진 불인지' 따지지 않고 챙기고 찾아가
는 마음이 감사의 자장을 형성하고 행복을 부른다. 감사는 발열도
중요하지만 더 중요한 것은 보온이다. 감사의 유통기한을 늘려라.
김성회가 쓴 『리더의 언어병법』에 나오는 내용이다.

# 감정
## 마음 심心

인간은 이성적인 동물일까? 행동을 일으키는 건 감정일까, 이성일까? 감정이 앞일까, 이성이 앞일까? 당연히 감정이 앞이다. 인간은 이성적이기보다는 감정적인 동물이다. 나를 봐도 그렇다. 책을 쓰고 하니까 이성적으로 생각하지만 난 완전히 감정적인 사람이다. 그런데 그게 이상한 게 아니다. 원래 감정은 그런 것이다.

감정의 영어인 이모션emotion을 보자. 이 단어의 어원은 프랑스어 에무부아émouvoir다. 움직인다는 뜻의 라틴어 모베레movere에서 파생했다. 어원을 봐도 이성은 정적이고 감정은 동적이다. 우리 말을 봐도 그렇다. 흔히 저 사람이 "마음에 든다"라고 말한다. 그게 무슨 뜻일까? 저 사람이 내 마음 안으로 들어온다는 뜻이 아닐까? 그렇다면 한자는 어떨까? 감정을 나타내는 한자는 마음 심心이다. 정태양의 저서 『한자원리』를 보면 심心 자가 들어간 단어가 무려 94개에 이른다. 그중 몇 가지를 소개한다.

## 탐특불안忐忑不安

마음이 들떴다 가라앉았다 종잡을 수 없다는 뜻이다. 요즘 말로 조울증이다. 탐특忐忑은 위 상上과 아래 하下에 마음 심心을 더한 글자다. 탐忐은 마음이 들뜨는 것이고 특忑은 마음이 가라앉는 것이다. 기막힌 표현이다.

## 연민憐憫

불쌍히 여길 연憐과 근심할 민憫이 결합한 단어다. 연憐을 파자하면 마음 심心+이웃 린隣이다. 이웃을 감싸는 마음이다. 딱한 이웃을 볼 때 어떻게 하면 도와줄 수 있을지를 고민하는 게 연민이다. 이 말의 반대말은 '나 몰라라'다. 남이야 어찌 되든 나만 잘되면 만사형통이라고 생각하는 마음이다.

연민이란 단어를 보면서 유대인의 공동체 정신이 연상된다. 유대인들이 생각하는 정의justice는 공동체 안의 불쌍한 사람을 돕는 것, 약자의 편에 서는 것이다. 좋은 사람이란 연민이 있는 사람이다. 자신을 넘어 공동체 안의 불쌍한 사람을 생각하는 마음을 가진 사람이다.

## 증오憎惡

미움을 뜻한다. 미울 증憎은 마음 심忄+시루 증曾이다. 미움이란 하루아침에 만들어지는 게 아니라 시루떡처럼 계속해서 누적되면서 만들어진다는 뜻이다. 어떻게 이런 생각을 했을까? 정말 미움이란 차곡차곡 쌓이는 특성이 있다. 미워할 오惡의 버금 아亞는 무덤을 판 자리의 형상이다. 사방이 꽉 막혔다는 뜻이다. 미움이란 갇힌 마음이다. 누군가를 미워하면 마음이 갑갑하다.

내가 생각하는 미움의 정의는 '기대의 배신'이다. 기대가 배신당할 때 미움이 생긴다. 기대하고 그 기대가 현실과 달라지는 건 시간을 필요로 한다. 미움의 본질은 숙성이다. 그래서 미움은 먼 사람보다 가까운 사람들에게 주로 생긴다. 가까우니까 자주 보고 그러면서 서서히 미움이 쌓이기 때문이다.

### 공사다망公私多忙

연말연시에 주고받는 연하장에 자주 등장하는 말이다. 공적으로 사적으로 아주 바빠서 힘들다는 말이다. 여기서 바쁠 망忙은 마음 심忄 +망할 망亡이다. 마음이 망했다는 뜻이다. 난 이를 마음이 사라졌다 혹은 정신줄을 놓았다는 의미로 해석한다. 바쁘면 정신이 없어서 자꾸 실수하고 정말 해야 할 일을 하지 못한다.

다망多忙과 비슷한 말로 번잡煩雜이란 말이 있다. 정신이 없는 사람이나 주변 사람을 정신없게 만드는 사람에게 쓴다. 잠시도 가만있지를 못하는 사람이다. 끊임없이 여기저기 전화하거나 이 일을 하면서 저 일을 하는 등 수선 떠는 사람이다. 여기서 번煩은 괴롭다, 정신없다는 뜻인데 불 화火 +머리 혈頁이다. 머리에 불이 난다는 것이다.

## 근심과 걱정

근심이란 무엇일까? 근심과 관련한 한자 몇 개를 소개한다. 우선 우려憂慮가 있다. 근심 우憂는 머리 혈頁+마음 심心+천천히 걸을 쇠夊다. 머리와 가슴속 근심으로 천천히 걷는 모습을 형상화한 것 같다. 걱정할 때 고개를 떨구고 왔다 갔다 하는 사람이 그려진다. 염려할 려慮는 호랑이 호虎+생각 사思다. 무서운 호랑이 생각에 걱정된다는 말이다. 참고로 우憂에 사람 인亻변이 붙으면 우수할 우優가 된다. 미리미리 근심하고 준비하면 우수優秀해진다는 뜻이 아닐까? 반대로 넋을 놓고 미리 근심하지 않으면 나중에 된통 당하지 않을까? 특히 리더일수록 걱정이 많아야 한다고 생각한다.

다음은 우환憂患이 있다고 할 때의 근심 환患이다. 꿸 관串+마음 심心이다. 마음을 꿰고 있는 근심이다. 비슷한 글자로 수심愁心이 가득하다 할 때의 근심 수愁도 있다. 가을 추秋+마음 심心이다. 가을이 오면 겨울 준비로 근심이 가득하다는 의미다.

마지막은 번뇌煩惱 할 때의 괴로울 뇌惱다. 마음 심忄+내 천川+정수리 신囟이다. 뇌에 끊임없이 물이 흐른다는 뜻이다. 고민거리가 머릿속을 떠나지 않는다는 의미다.


## 두려운 마음

예나 지금이나 인생에는 두려운 일들이 많다. 그만큼 한자에는 두려움에 관한 글자가 많다. 우선 송구悚懼가 있다. 두려울 송悚

은 마음 심↑ +묶을 속束이다. 두려움으로 마음이 조여오는 걸 표현했다. 모골이 송연悚然하다, 죄송罪悚하다 할 때도 쓰인다. 두려울 구懼는 마음 심↑ +볼 구瞿인데 눈 목目 두 개에 새 추隹가 하나 들어 있다. 자기를 잡아먹으려는 포식자가 두려워 주변을 두리번거리는 새를 표현한 것 같다.

다음은 전율戰慄이다. 전율은 몸이 떨린다는 뜻이다. 두려울 율慄은 마음 심↑ +밤나무 율栗이다. 밤나무 가시에 찔릴까 두렵다는 뜻이다.

황송惶悚 역시 두려움이다. 두려울 황惶은 마음 심↑ +황제 황皇이다. 임금을 알현하는 건 두렵다는 뜻이다. 예나 지금이나 상사를 만나는 건 두려운 일이다.

식겁食怯이란 말도 있다. 겁낼 겁怯을 파자하면 마음 심↑ +갈 거去다. 두려움 때문에 뒷걸음치는 마음이다.


### 원망怨望

원망할 원怨은 마음 심心+누워서 뒹굴뒹굴할 원夗이다. 아무것도 하지 않으면서 남 탓을 하는 게으른 모습이다.


### 사랑할 애愛

애愛는 목멜 기旡+마음 심心+천천히 걸을 쇠夊다. 상대가 너무 좋아 눈을 마주치지 못하고 수줍게 뒤를 보는 모습이다. 방금 헤어졌지만 또 보고 싶어 자꾸 뒤를 돌아보는 모습이다. 발걸음이 떨어지지 않는 모습이다.

## 황홀恍惚

난 이 단어가 참 좋다. 황홀할 황恍은 마음 심忄+빛 광光이다. 마음에 빛이 비친다는 것이다. 황홀할 홀惚은 마음 심忄+소홀할 홀忽이다. 마음을 소홀히 한다는 것이다. 자신이 어떤 사람인지조차 잊었다는 뜻이다. 정신줄을 놓았다고 봐도 무방하다. 황홀이란 그런 것이다. 마음이 밝아지면서 모든 것을 잊을 만큼 좋다는 뜻이다.

영어로 황홀은 엑스터시ecstacy다. 엑ec은 바깥을 뜻하고 스타sta는 서 있다는 뜻의 스탠드stand와 같은 어원이다. 밖에 서 있다는 것은 마음이 내 안에 있는 것이 아니고 밖에 있다는 뜻이다. 너무 좋아 제정신이 아니란 말이다. 한자와 영어의 뜻이 비슷하다.

## 권태倦怠

게으를 권倦에 게으를 태怠가 결합한 단어다. 권倦은 사람 인亻+책 권卷이다. 책 권卷은 두 손으로 구부린다는 말이다. 예전에는 죽간에 글을 쓴 후 그걸 말은 데서 유래했다. 책만 읽고 행동하지 않는 걸로 해석하고 싶다. 태怠는 별 혹은 기쁘다는 뜻의 태台+마음 심忄이다. 별처럼 기쁜 마음에 게을러진 마음이다.

# 거래
## 갈 거去, 올 래來

가는 게 먼저고 오는 건 나중이다. 내가 가야 상대도 온다는 말이다. 가는 것이 없으면 오는 것도 없다는 말이다. 영어로는 기브 앤드 테이크give & take다. 여기서 가장 중요한 건 순서다. 주는 게 먼저란 말이다. 주는 게 없으면 받을 것도 없다. 최악은 주는 건 없으면서 뭔가 기대를 하는 것이다. 차선은 주고 그만큼 기대하는 것이다. 최선의 거래는 뭘까? 뭔가를 주고 그 사실을 잊는 것이다. 주는 것 자체에서 기쁨을 느끼는 것이다.

# 건망증
## 건강할 건健, 잊을 망忘

중년의 대화 소재 중 하나는 건망증健忘症이다. 나 역시 건망증이 심하다. 명사가 기억나지 않는다. 장소나 사람 이름 등은 들을 때는 알겠는데 바로 자동 삭제가 된다. 그래서 늘 "거시기 있잖아, 그거"란 말을 입에 달고 산다. 그런데 건망증이란 무엇일까? 건망증의 정확한 재정의는 무엇일까? 한자로는 건강할 건健에 잊을 망忘이다. 건강하게 잊는다는 말이다. 뭔가 이상하다. 잊는 게 뭐가 건강한단 건가? 잊는 건 건강치 못한 게 아닌가? 이게 발전하면 치매가 되는 게 아닐까? 그렇지 않은 것 같다.

이와 관련해 수년 전 삼성의 윤순봉 사장 강연에서 힌트를 얻었다. 그분이 한 말은 대강 이렇다. "나이가 들수록 뇌는 오히려 좋아집니다. 물론 계속 쓴다는 전제 조건에서 그렇습니다. 현명이란 판단을 잘하는 것을 뜻합니다. 판단을 잘하려면 불필요한 정보가 없어야 합니다. 건망증이 바로 이를 도와줍니다. 쓸데없는 정보를 없애고 판단에 필요한 정보만을 모아 뇌로 보내는 것이지요. 그래서 건강할 건을 쓰는 것이지요." 이 말이 얼마나 신빙성이 있는지는 모르겠다. 하지만 얼마나 그럴듯한 설인가? 건망증으로 고민하는 수많은 중년에게 큰 위로가 되는 말이다.

# 건축
## 세울 건建, 쌓을 축築

    쌓은 다음 세우는 게 아니라 우선 세우고 그다음 쌓는다는 말이다. 그런데 뭘 세운다는 말일까? 난 개념을 세워야 한다고 생각한다. 초기 개념을 확실히 해야 한다. 어떤 건물을 만들지, 어떤 소프트웨어를 만들지 개념을 정리하는 일이다. 이게 확실해야 그다음 축적이 가능하다. 초기 개념이 확실하지 않으면 축적이 불가능하다. 건물의 경우 허물어야 할 수도 있고 소프트웨어는 패치로 누더기가 될 수도 있다.

# 결혼

만날 우 遇

 

나는 수없이 많이 강의를 했고 지금도 하고 있는데 강의하기 힘든 곳이 있다. 남자들만 잔뜩 모여 있는 곳이다. 특히 나이 든 중년 남자들만 모여 있는 곳에서 강의하는 건 쉬운 일이 아니다. 게다가 직급까지 높으면 죽음이다. 최고로 힘든 건 공공기관의 높은 사람들에게 강의하는 것이다. 그래서 누군가는 국가공무원인재개발원을 강사들의 무덤이라고 부르기도 한다. 반대로 강의하기 좋은 곳이 있다. 남녀노소가 적절히 섞여 있는 곳이다.

그걸 표현하는 단어가 좋을 호好다. 원래 엄마가 아들과 같이 있는 걸 표현하기 위해서 만들었다는 설이 있다. 나는 남자와 여자가 같이 있을 때 좋기 때문에 이런 글자를 만들었다고 해석한다. 그건 자연의 법칙이다. 남자는 여자가 있어야 하고 여자 또한 남자가 있어야 좋다. 그래서인지 중국 사람들이 가장 많이 쓰는 말 역시 호의 중국 발음인 하오다. 그들은 끊임없이 하오하오를 외친다. 남자끼리 여자끼리 있는 것보다는 남자와 여자가 함께 있어야 즐겁고 좋다. 같은 성끼리 만나는 것도 좋지만 동성보다는 이성에게 끌리는 법이다.

그런데 아무나 만나면 안 된다. 잘못 만나면 인생이 엉망진창이 된다. 어떻게 하면 좋은 사람을 만날 수 있을까? 먼저 내가 좋은 사람이 돼야 한다. 그럼 좋은 사람이 나타날 가능성이 커진다. 그 다음은 좋은 사람을 알아볼 수 있어야 한다. 사람은 끼리끼리 만나는 법이다. 좋은 사람 눈에는 좋은 사람이 보이고 나쁜 사람 눈에는 나쁜 사람이 보이는 법이다. 마지막으로 결혼도 좋은 사람을 만나는 방법이다. 물론 예전 결혼과 지금 결혼은 엄청난 차이가 존재하지만 평생을 혼자 사는 것보다는 결혼하는 것이 자연스러운 현상임은 틀림없다.

결혼을 위해서는 일단 짝을 만나야 한다. 만난다는 건 한자로 만날 우遇다. 조우遭遇, 천재일우千載一遇 할 때의 그 우다. 반대로 만나지 못한 것을 불우不遇라고 한다. 만나지 못한 사람이 불우한 사람이다. 불우이웃 돕기 할 때의 그 불우다. 불우는 만나지 못한 사람이다. 짝을 만나지 못한 것, 때를 만나지 못한 것, 기회를 만나지 못한 것 모두 불우다.

불우와 비슷하게 쓰이는 말로 불쌍不雙이 있다. 불쌍은 짝이 없다는 뜻이다. 옛사람들이 생각하는 불쌍한 사람은 바로 짝이 없는 사람이었다. 짝을 만나지 못한 건 불우이고 짝이 없는 건 불쌍이다. 물론 지금과는 생각이 아주 다르다. 지금도 결혼하고 싶은데 짝을 만나지 못해 불행한 사람이 있다. 하지만 그만큼 결혼으로 인해 불행하고 불쌍한 사람도 많다. 그런 걸 보면 제대로 된 사람을 만나야 인생이 제대로 풀리는 것 같다.

한자로 결혼結婚은 무엇일까? 맺을 결結은 실 사糸+길할 길吉이다. 길한 것을 실로 묶는다는 뜻이다. 혼인할 혼婚은 여자 여女+어두울 혼昏이다. 어두울 때 여자 집에서 식을 올렸기 때문이 아닐까 싶다. 결혼에는 묶는다거나 구속의 의미가 강하다. 결혼은 서로를 묶는 행위다. 서양에도 비슷한 의미가 있다. 약혼을 뜻하는 인게이지먼트engagement에서 게이지gage는 서약이다. 서약으로 묶인다는 뜻이다. 남편을 뜻하는 허즈번드husband는 하우스 본드 house bond가 어원이다. 집에 묶여 있는 사람이란 뜻이다. 약혼이나 결혼은 한마디로 구속이다. 동양은 실로 묶고 서양은 서약으로 묶는다는 차이가 있을 뿐이다.

# 고객
## 돌아볼 고顧

기업의 존재 이유는 고객顧客이다. 고객 덕분에 기업이 살아갈 수 있기 때문이다. 그래서 대부분 기업은 고객이 중심이다. "고객을 만족시키자" "고객에게 집중하자"라는 말을 밥 먹듯 한다. 급기야 아마존 같은 회사는 고객 집착customer obsession이란 말까지 만들어냈다. 그런데 고객의 한자 말을 물어보면 답하는 사람이 별로 없다. 고객의 고는 돌아볼 고顧다. 자신이 손해를 봤는지, 이익을 봤는지 끊임없이 돌아본다는 의미가 아닐까?

내가 생각하는 고객의 정의는 매일같이 자신의 손익을 돌아보고 언제나 떠날 만반의 준비를 하는 사람이다. 소름 돋는 말이다.

# 고기

## 고기 육月

제사의 제祭는 보일 시示+오른손 우又+고기 육肉이다. 제단에 고기를 손으로 놓는 것이 제사다. 고기가 없는 제사는 엄격한 의미에서 제사가 아니라고 할 수 있다. 관련 한자를 알아보자.

### 상서로울 상祥

보일 시示+양 양羊이다. 제단에 양을 제물로 바치니 좋은 조짐이다. 상서祥瑞에 쓰인다.

### 바칠 헌獻

솥 권鬳+개 견犬이다. 개를 솥에 삶는다는 의미다. 고대에는 솥에 삶은 개가 제물이었기 때문이다. 헌신獻身에 쓰인다.

### 따를 수隨

언덕 부阝와 갈 착辶이 들어 있다. 제사에 쓸 고기를 들고 언덕을 오르는 것을 말한다.

### 장수 장將

고인돌을 뜻하는 장爿+고기 육肉+손 수手다. 고인돌 위에 손을 들어 고기를 바치고 출정하는 모습이다.

### 예절 예禮

보일 시示+풍요로울 풍豊이다. 제사상에 풍성한 음식을 바치는 게 예란 것이다.

### 표 표票

제단에 올릴 음식을 덮어서 표시한다는 의미다. 투표投票에 쓰인다.


## 고기와 관련한 말은 대부분 좋다

### 있을 유有

뭐가 있다는 뜻일까? 파자하면 손 수手+고기 육月이다. 곧 고기가 있다는 것이다.

### 너그러울 유宥

부드럽다 혹은 너그럽다는 뜻이다. 파자하면 집 면宀+고기 육月이다. 집에 고기가 있으니까 너그러워져 용서하겠다는 것이다. "창고에서 인심 난다"란 속담이 연상된다. 강경책强硬策의 반대인 유화책宥和策은 상대를 부드럽게 대하는 걸 뜻한다.

### 선물 선膳

모두가 좋아하는 선물膳物에도 고기가 들어 있다. 예나 지금이나 고기는 가장 비싸고 좋은 선물이다. 나 역시 명절 때 고기 선물을 주고받는 걸 좋아한다.

### 구울 자炙

인구에 회자膾炙된다는 말이 있다. 사람들 입에 자주 오르내린다는 뜻이다. 회 회膾는 얇게 썬 고기를 일컫는다. 구울 자炙는 고기 육月+불 화火다. 불에 구운 고기는 지금이나 옛날이나 가장 맛있는 음식이다. 우리는 맛난 음식을 먹으면서도, 먹고 나서도 자꾸 음식 얘기를 한다. 맛있는 음식은 사람들 입에 자주 오르내린다.

### 썩을 부腐

마지막으로 고기와 관련해서 좋지 않은 말이 하나 있다. 바로 진부陳腐다. 참신斬新의 반대말이다. 낡고 뻔한 걸 뜻한다. 베풀 진陳에 썩을 부腐를 결합한 단어로 썩은 고기를 전시한다는 의미로 해석할 수 있다. 썩을 부腐를 파자하면 관청 부府+고기 육月이다. 관청의 고기를 오래 두면 썩는다는 뜻이다.

# 고집불통

## 굳을 고固, 잡을 집執, 아닐 불不, 통할 통通

고집의 결과는 불통이란 말이다. 그런데 어떻게 고집이란 단어와 불통이란 단어를 같이 쓰게 됐을까? 사람들의 경험이 이런 단어를 만들어낸 것이 아닐까? 자기 고집을 피우면서 남의 얘기를 전혀 듣지 않는 사람이 있다. 주변 사람은 이 사람과는 아예 말을 섞으려 하지 않는다. 말해봐야 입만 아프기 때문이다. 어느 순간 이 사람은 섬같이 외로운 존재가 된다. 불통 그 자체로 인식된다.

통하고 싶은가? 그럼 나만 옳다는 고집을 버려라. 내가 틀릴 수 있다고 생각하고 남에게 관심을 가져라.

# 관심, 관찰, 관계
## 열쇠 관關, 볼 관觀

처음엔 관심關心, 다음은 관찰觀察, 마지막은 관계關係다. 대학 시절 미팅을 할 때를 생각해보라. 처음엔 관심이다. 많은 여학생 중 한 사람에게 관심이 쏠린다. 그럼 다른 여학생은 안 보인다. 관심은 마음속에서 일어나는 파도다. 다음은 관찰이다. 마음에 둔 여학생을 관찰한다. 관찰은 분석이다. 우리 말에 뜯어본다는 말이 바로 그것이다. 마지막으로 자신과의 관계를 살핀다. 친구로 사귈 것인 것인지, 연인으로 결혼까지 할 것인지. 그 후 액션이 시작된다. 관심, 관찰, 관계를 통해 발전하는 것이다. 이는 가슴, 머리, 다리의 순으로 진행된다. 관심은 가슴이지만 관찰은 머리와 눈이다. 쿨해야 한다. 그 데이터를 가로세로 옷감 짜듯이 시스템으로 만들어야 한다. 『이어령의 지의 최전선』이란 책에 나온 대목이다.

난 격하게 공감한다. 관심이 가지 않으면 관찰하지 않고 관찰하지 않으면 그가 어떤 사람인지 모르니까 당연히 관계가 생겨나지 않는다. 때로는 순서가 뒤집힌다. 원하진 않았지만 관계가 먼저 만들어지는 경우도 흔하다. 같은 반이 되는 것도 그렇고 회사의 동료 혹은 상사가 되기도 한다. 이때는 관계를 먼저 맺고 그 후 관찰하게 되고 그러면서 관심이 간다. 물론 끝까지 공식적인 관계로만 있는 경우도 흔하다.

　여기서 팁 하나. 관심과 관계의 관은 열쇠 관關이고 관찰의 관은 볼 관觀이다. 관심이나 관계는 열쇠로 따고 들어가야 맺을 수 있다는 말이다.

# 구적불거 신적불래
## 옛 구舊, 새 신新

구적불거舊的不去 신적불래新的不來는 옛것이 가지 않으면 새것이 오지 않는다는 뜻이다. 내리고 타는 것일까, 타고 내리는 것일까? 생각할 것도 없다. 내린 후 타야 한다. 너무 당연한 얘기다. 그런데 현실은 어떤가? 내리기도 전에 타는 사람들이 지천이다. 정리정돈도 이에 대한 교훈을 준다. 정리는 버리는 것이고 정돈은 버린 후 찾기 쉽게 재배치하는 것이다. 버리는 것이 먼저란 말이다.

세대교체도 비슷하다. 앞세대가 물러나야 뒷세대가 힘을 쓸 수 있다. 집을 보자. 70 넘은 부모가 50 넘은 자식들에게 아직도 이래라저래라 한다. 도대체 이게 무슨 짓인가? 자식이 하는 게 그렇게 못마땅하면 어떻게 눈을 감겠는가?

# 궁리
다할 궁窮, 이치 리理

궁리란 궁한 후 이치를 깨우친다는 말이다. 다할 궁窮을 뜯어보면 동굴 혈穴+몸 신身+활 궁弓이다. 좁은 굴 안에 몸을 활처럼 굽혀 기어 들어갔는데 가다 보니 앞이 막혀 있다. 앞으로 갈 수도 뒤로 돌아 나가기도 곤란하다. 그게 궁이다. 궁색하다, 궁지에 빠졌다는 건 다 트러블이 생겼다는 의미다. 그런데 궁 뒤에 이치를 뜻하는 리理가 있다. 궁해야 이치를 깨우친다는 말이다. 다시 말해 궁하지 않으면 이치를 깨우칠 수 없다는 말이다. 어떻게 이런 생각을 했을까? 옛사람의 지혜에 감탄을 금치 못한다.

누구나 다 깨우친 삶을 살고 싶어 한다. 그러기 위해 가장 필요한 건 고난이고 트러블이다. 사람을 세우려면 먼저 쓰러뜨린다는 성현의 말씀이 딱 여기에 해당한다. 내가 제일 좋아하는 단어다.

# 궁즉변, 변즉통, 통즉구
## 궁할 궁窮

궁하면 변해야 하고窮則變, 변하면 통하게 되고變則通, 통하면 오래간다通則久. 참 오래된 격언이다. 순서가 절묘하다. 반대로 생각하면 이렇다. 궁하지 않으면 변할 수 없고, 변하지 않으면 통하지 않고, 통하지 않으면 조만간 문제가 생긴다는 말이다. 변화의 첫 스텝은 바로 궁함이다. 절실함이다. 모든 것이 그렇다. 몸이 그렇다. 많은 성인이 남산만 한 배를 갖고 다닌다. 온갖 성인병 약을 보약처럼 먹는다. 하지만 문제의 심각성을 느끼지 못한다. 궁하지 않은 것이다. 말로는 운동해야지 해야지 하면서 아무 노력을 하지 않는다. 변화에 대한 욕구가 없다. 연초에 헬스장에 등록해 몇 번 나가지만 관성의 법칙에 따라 도로 아미타불이 된다.

리더십도 그렇다. 경영은 잘하고 싶어 하지만 별다른 노력을 하지 않는다. 예전 방식으로 감시하고 잔소리하고 못살게 굴어야 성과가 난다고 생각한다. 그러다 인재가 떠나고 고객이 떠나면서 회사는 어려워진다. 그렇지만 자신을 돌아보는 대신 불황을 탓하고 환경을 탓한다. 당연히 변화는 일어나지 않는다. 매일 도돌이표 같은 생활을 계속한다. 뭐든 절실해야 한다. 궁해야 한다. 그래야 변할 수 있다.

변화에서 최선은 궁하기 전에 변하는 것이다. 시대 흐름을 느끼고 거기에 맞춰 자신과 조직을 변화시키는 것이다. 차선은 궁한 이후에 변하는 것이다. 뭔가 문제가 생긴 걸 알고 위기의식을 느낀 후 변하는 것이다. 최악은 문제가 생겼지만 애써 이를 무시하고 예전 방식으로 살다 장렬히 전사하는 것이다.

# 그릇, 솥, 절구

## 그릇 명皿

예부터 그릇은 물을 담는 용도로 많이 쓰였다. 뭔가를 기원할 때 그릇에 정화수를 받아 놓고 빌었다. 그릇 명皿은 척 보기에도 그릇처럼 생겼다. 명皿이 들어간 글자로 맏 맹孟이 있다. 첫 아이란 의미다. 아들 자子+그릇 명皿이다. 갓 태어난 아이를 큰 그릇에서 목욕시키는 모습이다. 여기서 유래한 말이 맹랑孟浪이다. 맹랑이란 말이는 다르다는 뜻이다. 모양과 쓰임새에 따라 그릇을 상형한 한자도 여러 가지다. 크게 그릇, 솥, 절구, 항아리로 구분해서 살펴보자.

### 그릇

그릇은 물이나 음식을 담는 용도로 많이 쓴다.

#### 맹세盟誓

맹세할 때도 그릇이 필요하다. 맹세할 맹盟은 밝을 명明+그릇 명

皿이고 맹세할 세誓는 꺾을 절折+말씀 언言이다. 각자 의견을 밝히고 희생의 피를 그릇에 받아 마시며 맹세한다는 뜻이다.

### 살필 감監

그릇에 담긴 물에 비친 자기 모습을 본다는 의미다. 감시監視, 감독監督에 쓰인다.

### 화분花盆

동이 분盆은 나눌 분分+그릇 명皿이다. 물건을 나누어 담는 오목한 그릇이란 의미다.

### 쟁반錚盤

쇳소리 쟁錚에 소반 반盤이다. 쇳소리가 나는 그릇이 쟁반이다. 소반은 배 모양의 납작한 그릇을 말한다.

### 잔 잔盞

두 개의 창 과戈+그릇 명皿이다. 창을 쌓아놓은 모양의 낮은 그릇이다. 찻잔茶盞, 등잔燈盞에 쓰인다.

### 찬합饌盒

반찬 찬饌에 합 합盒이다. 여러 층으로 된 반찬을 담는 그릇으로 뚜껑이 있다.

### 더할 익益

그릇 명皿+옆으로 돌린 물 수水 다. 그릇에 물이 넘쳐흐르는 형상이다. 이익利益, 유익有益, 다다익선多多益善에 쓰인다.

### 성할 성盛

그릇 명皿+이룰 성成이다. 그릇에 음식을 수북이 담는다는 뜻이다. 성황리盛況裡에 끝났다고 할 때 쓰인다.

## 솥

솥은 음식을 만들 때 쓰는 도구다. 솥은 한자로 정鼎이라고 한다. 3개의 다리가 달린 솥이다. 다른 글자와 결합하면 눈 목目 혹은 조개 패貝 등의 형태로 바뀐다.

### 진실眞實

진실도 솥에서 나왔다. 진실할 진眞은 솥 정鼎+숟가락 비匕다. 솥의 음식을 수저로 떠먹는 것이 인간의 참모습이란 말이다. 인간은 뭔가를 먹을 때 가장 진실하다.

### 인원人員

인원 원員은 입 구口+솥 정鼎이다. 솥에 밥을 지었는데 밥 먹을 입의 숫자가 인원이다.

손해損害

덜 손損은 손 수扌+솥 정鼎이다. 솥의 밥을 손으로 덜어 내니 줄었다는 뜻이다.


솥 력鬲

이 역시 3개의 다리를 가진 솥이다. 정鼎과 차이점은 다리 모양이 통통하고 다리 사이가 떨어져 있다는 것이다. 격리隔離란 말이 있다. 막을 격隔에 떠날 리離다. 격리는 막고 떼어내야 한다. 격隔은 언덕 부阝+솥 력鬲이다. 격차隔差, 원격遠隔에도 쓰인다. 격의隔意가 없다 할 때도 쓰이는데 두 사람 사이에 막힘이 없다는 말이다.

헌신獻身의 바칠 헌獻에도 솥 력鬲이 들어 있다. 솥에 개고기를 끓여 신에게 바친다는 뜻이다. 융합融合, 융화融和, 융통融通에 쓰는 화할 융融에도 솥이 들어 있다. 솥 력鬲+벌레 충虫이다. 항아리에 장을 담가 곰팡이가 넘쳐 나온 모습이다.


**절구**

절구도 중요한 그릇 종류다. 절구 구臼는 곡식을 찧는 절구의 상형이다. 절구 위에 사람이 있는 게 구덩이 함臽이고 여기서 나온 말이 함정陷穽이다. 사람이 언덕에서 떨어져 구덩이에 빠지는 모습이다.

가래를 뜻하는 삽臿도 한자다. 방패 간干+절구 구臼다. 길쭉한
걸 절구 모양에 끼우는 형상인데 삽입揷入이 여기서 나왔다. 손으
로 끼워 넣는 것이 삽입이다. 삽화揷畵는 끼워 넣는 그림이다.


## 질그릇

질그릇을 뜻하는 한자는 장군 부缶가 있다. 장군은 배가 불룩
하고 목이 짧고 아가리가 좁은 모양이다. 항아리처럼 생겼다. 관
련 한자는 도자기 도陶다. 언덕 부阝, 쌀 포勹, 장군 부缶의 합성
어다. 질그릇을 굽는 가마의 형상이다. 결함缺陷은 항아리 일부가
깨져 분리되다는 뜻이다. 참고로 반드시 필必은 무기나 도구의 손
잡이를 말한다. 그릇에는 손잡이가 꼭 있어야 한다는 걸 뜻한다.

# 기적
## 기이할 기奇

기적奇蹟의 기이할 기奇는 클 대大+가능할 가可다. 크게 가능하다는 게 무슨 말일까? 기이하다고 생각하는 것이 실상은 누구나 할 수 있다는 뜻이 아닐까? 남들이 못 하는 걸 하는 게 기적이 아니라 누구나 알지만 안 하는 것을 내 것으로 만들면 일어나는 것, 그게 기적이다.

그럼 어떻게 해야 할까? 무슨 방법이 있을까? 핵심 키워드는 반복이다. 손자 주원이가 말 배우는 걸 보면서 이를 생각했다. 아이는 끊임없이 따라 하고 배운 걸 반복한다. 어른들도 가능할 것 같다. 배움이 별거인가? 크게 깨달은 걸 자꾸 반복하는 것이다. 떠올리고 말로 해보고 실천하고 또 거기서 배우고를 반복하는 것이다. 그러다 보면 이게 몸에 배고 몸에 배면 내 것이 된다.

내가 생각하는 기적은 좋은 습관의 반복이 결과물로 나타나는 것이다. 반복이 기적을 만든다. 난 지난 2년간 책을 10권 썼다. 공돌이인 내게 이건 기적이다. 어떻게 이런 기적이 가능했을까? 바로 반복이다. 누구나 아는 좋은 습관을 10년 이상 반복한 결과물이다.

난 매일 새벽에 일어나 책을 읽고 글을 쓰고 운동하고 사람들을 만나 독서토론회를 한다. 책을 읽고 그에 관한 얘기를 듣고 내가 아는 것을 얘기하고 그러면서 서로 배운다. 이런 일을 하면서 나도 모르게 반복의 혜택을 입었다. 내가 생각하는 기적은 좋은 습관의 반복으로 일어나는 결과물이다.

# 기획

## 바랄 기企, 새길 획劃

먼저 바라는 것을 그리고 그다음 새긴다. 모든 일은 아이디어에서 출발한다. 이렇게 하면 어떨까 생각하다 그 아이디어가 커지고 커져 실제가 되는 것이다. 그 중간 단계가 아이디어를 글로 옮겨 사람들과 공유하고 누군가를 설득하는 것이다. 구체화하고 투자도 받고 하는 것이다. 영어의 콘셉트concept가 기획企劃과 비슷하다. 셉트cept는 잡는다는 것이니까 날아다니는 아이디어를 글로 잡는다는 의미가 아닐까? 아이디어만으론 충분치 않다. 그 아이디어를 글로 잡아챌 수 있어야 한다.

# 나무

## 나무 목木

나무가 하나인 건 나무 목木이다. 두 개 있으면 수풀 림林이고 세 개 있으면 삼엄할 삼森이다. 근본根本의 근은 뿌리 근根이다. 나무를 땅에 머물게 하는 부분이다. 본本은 나무의 뿌리 부분에 일一 자를 써서 근본의 뜻을 나타냈다. 미숙未熟의 아닐 미未는 아직 나무가 아니라 어린 가지란 뜻이다. 몇 개의 나무를 한자로 생각해보자.

### 배나무 이梨

나무 이름도 생각을 많이 하고 지은 것 같다. 배나무가 그렇다. 배나무는 꽃도 예쁘고 과일도 맛있다. 예전 교복을 입고 배지를 달고 다니던 시절 난 유난히 이화여고 학생들에게 매력을 느꼈다. 교복도 예쁘고 배지도 예쁘고 예쁜 여학생이 많았기 때문이다. 그런데 단 한 번도 왜 배나무 글자에 이로울 리利가 들어 있는지 생각하지 않았다. 이번에 한자 공부를 하면서 비로소 그 생각을 하게 됐다. 그만큼 배가 인간에게 이로운 과일이기 때문이다.

과일은 대체로 건강에 좋지만 특히 배가 그렇다. 배는 약으로 많이 사용한다. 감기, 기침, 천식 등에 좋다. 배가 차고 아플 때 증상을 완화하고 종기 치료에도 도움을 준다고 한다. 해독 작용이 있어 숙취도 없애주고 고기를 연하게도 한다.

### 대추나무 조棗

어린 대추나무는 가시가 많아 다른 동물들이 건들지 못한다고 한다. 나름의 보호 방법이다. 그래서 나무 이름에 가시가 있다. 가시 극棘을 아래위로 붙였다.

### 오얏나무 리李

나무 목木+자식 자子다. 열매가 많이 열리는 나무란 뜻이다. 오얏나무는 자두나무를 뜻한다. 자두의 어원은 자도紫桃다. 보라색 복숭아란 뜻이다. 오얏나무 아래서 갓끈을 고쳐 매지 말라는 속담이 연상된다. 오해받을 짓은 하지 말라는 말이다.

### 소나무 송松

나무 목木+공평할 공公이다. 두루 공평하게 쓰이는 나무란 뜻이다. 소나무의 의미는 정절, 지조, 올곧음이다. 한자와 잘 맞아떨어진다.

### 굴나무 감柑

나무 목木+단 감甘이다. 단맛 나는 열매가 열리는 나무란 의미다. 감귤柑橘이란 보통 우리나라에서 나는 귤을 포함한 시트러스citrus 류의 과일을 일컫는다.

### 감나무 시枾

나무 목木+시장 市시다. 저잣거리에 많은 나무란 의미다. 옛날에는 흔한 게 감나무였던 것 같다. 영어로는 퍼시먼persimmon이라고 한다.

### 뽕나무 상桑

뽕나무는 잎이 많은 나무다. 열매는 오디라고 하는데 예전에는 좋은 간식이었던 같다. 영어로는 멀베리mulberry인데 여자들이 좋아하는 명품 브랜드이기도 하다.

### 무궁화나무 근槿

나무 목木+진흙 근堇이다. 진흙에서도 자라는 나무란 힘든 환경을 잘 극복한다는 뜻이 아닐까? 무궁화 꽃말 중 하나가 은근과 끈기인데 그것과 관련이 있어 보인다.

# 능력
능할 능能

능력能力이란 무엇일까? 내가 생각하는 능력은 견디는 힘이다. 꾸준함이다. 하기 싫지만 더 큰 목적을 위해 참고 견디는 힘이 능력이다. 고대 그리스 철학자 아리스토텔레스Aristoteles 역시 우수함은 꾸준함이라고 했다. 꾸준한 사람이 우수하고 하다 말다를 반복하는 사람이 열등하다는 것이다.

능력이란 곰처럼 힘들어도 목적을 위해 견딜 수 있어야 한다. 단군신화를 보면 곰은 쑥과 마늘을 먹으며 백 일을 견뎌 인간이 됐지만 호랑이는 견디지 못해 인간이 되는 데 실패했다. 그런데 곰을 뜻하는 웅熊이란 한자에 능能이 들어 있다. 뭔가 상관관계가 있어 보인다. 또 영어로 곰은 베어bear인데 이 단어에도 '견디다'란 뜻이 있다.

# 대비되는 말
對比


### 존재存在

있을 존存, 있을 재在. 두 글자는 같은 것 같지만 사실은 다르다. 존存은 있지만 눈에 보이지 않는 것이다. 예를 들어 이렇다. 돌아가신 내 아버지는 눈앞에 없지만 내 마음에는 살아계신다. 재在는 다르다. 재는 실제 눈앞에 있다. 손으로 만질 수 있다. 교수실 문에는 현재 상태를 뜻하는 푯말이 있다. 그중 하나가 재실이다. 현재 사무실에 계신다는 뜻이다. 그런데 존실이라고 하지 않고 재실이라고 한다. 존은 소프트웨어고 재는 하드웨어다.


### 도로道路

길 도道, 길 로路. 둘 다 길이라는 뜻이지만 차이가 있다. 도道는 길이지만 방법 또는 이치를 뜻한다. 영어로는 웨이way다. 로路는 물리적인 길이다. 사평로, 방배로 할 때의 로다. 도는 소프트웨어고 로는 하드웨어다. 절묘한 결합이다.

한자는 어떻게 공부의 무기가 되는가

## 고통苦痛

괴로울 고苦는 마음고생이고 아플 통痛은 몸고생이다. 같은 고생이지만 종류가 다르다.

## 사물事物

일 사事는 눈에 보이지 않는 사건이다. 소프트웨어고 개념적이다. 만물 물物은 눈에 보이는 실체다. 하드웨어다.

앞의 단어들 모두 하드웨어와 소프트웨어의 결합이다. 그런데 모두 소프트웨어가 앞에 있다. 왜 그럴까? 하드웨어보다 소프트웨어가 우선이란 뜻이 아닐까? 우리말의 얼굴도 그렇다. 얼굴은 얼꼴에서 진화했다. 얼은 정신이고 꼴은 그릇이다. 콘텐츠도 중요하고 콘텐츠를 담는 컨테이너도 중요하다. 그런데 컨테이너보다는 콘텐츠가 중요하다. 하드웨어보다는 소프트웨어가 중요하다.

## 세계世界

인간 세世는 시간적 의미다. 세대世代에 쓰인다. 경계할 계界는 공간적 의미다. 하나는 시간이고 다른 하나는 공간이다. 세계는 단순해 보이지만 단순한 의미를 넘어선다.

## 소식消息

소식은 보통 뉴스로 생각한다. "새로운 소식 없나?" "무소식이 희소식이다!"라고 말한다. 끌 소消는 끈다는 뜻으로 불을 끄는 소방

서消防署에 쓰인다. 숨쉴 식息은 휴식休息에 쓰인다. 하나는 생성이고 다른 하나는 소멸이다. 글자 하나에 생성과 소멸이 같이 있다. 출몰出沒도 그렇다. 나타나고 사라진다는 뜻이다.

### 건강健康

굳셀 건健은 육체적인 건강이다. 사람 인亻+세울 건建이다. 건강한 사람은 건물처럼 우뚝 서 있다는 말이다. 건강한 사람은 서 있는 게 다르다. 편안 강康은 마음의 평화다. 강녕康寧하다의 그 강이다. 건강하기 위해서는 마음이 편안해야 한다.

### 혼백魂魄

넋 혼魂, 넋 백魄. 사람이 죽으면 정신은 혼과 백으로 나뉘어 혼은 하늘로 돌아가고 백은 땅에 남는다.

# 도모

그림 도圖, 모색할 모謀

그림을 그리고 그린 대로 생각한다. 생산적으로 생각하는 방법의 하나가 아이디어를 종이에 쓰거나 그림으로 그리는 것이다. 냅킨에 그린 그림 하나로 몇 억을 번 사람 얘기를 들은 적이 있다. 나역시 뭔가 생각을 정리할 때 도표를 그리는 버릇이 있다. 막연히 머릿속으로 생각하는 것과 그걸 그림으로 그리는 것은 차이가 있다. 훨씬 명료해지고 때론 생각지 못한 생각이 나기도 한다. 도모圖謀가 그런 단어가 아닐까 생각한다. 먼저 그림을 그리고 그다음 생각하는 것. 그게 도모다.

# 도태
씻을 도淘, 추릴 태汰

씻어서 추린다는 뜻이다. 곡식을 조리로 이는 모습에서 나온 말
이다. 예전에는 쌀 속에 돌이 많았고 어머니는 쌀을 씻을 때마다 조
리로 돌을 걸러냈다. 만약 놓친 돌이 밥에 들어가면 아버지는 화를
냈다.

도태의 핵심은 무게다. 무거운 건 가라앉고 무겁지 않은 건 다
흘러간다. 사금 채취가 연상된다. 참고로 종자種子 할 때의 씨 종
種을 파자하면 벼 화禾+무거울 중重이다. 씨앗 중 무거운 씨앗이
좋은 씨앗이란 뜻이다.

# 돈

## 조개 패貝

중국인들은 돈을 좋아한다. 중국은 돈을 밝히는 측면에서 압도적 1등이다. 돈이 된다면 영혼까지 팔 기세다. 누구나 그렇듯 나 역시 돈을 좋아한다. 그렇다면 중국인들은 돈을 어떻게 생각했을까? 돈을 뜻하는 한자는 조개 패貝다. 고대에는 조개를 돈으로 사용했다. 돈과 관련된 한자에는 대부분 조개 패가 들어 있다.

### 부자와 빈자

먼저 부자富者와 가난한 자를 뜻하는 빈자貧者를 보자. 부유할 부富를 파자하면 집 면宀+한 일一+입 구口+밭 전田이다. 집에 밭이 있는데 입은 하나뿐이란 뜻이다. 재산은 있는데 쓸 사람은 없으니 자연스럽게 부자가 된다는 의미가 아닐까? 가난할 빈貧은 어떨까? 나눌 분分+조개 패貝다. 돈을 나눈다는 의미다. 돈은 별로 없는데 그나마 쓸 사람이 많아 가난하다는 것이 아닐까? 나는 버는 건 시원치 않고 돈 들어갈 곳은 많다는 의미로 해석한다. 가난해질 수밖에 없는 상황이다.

부자가 되는 방법은 심플하다. 일단 버는 것보다 쓰는 게 적어야 하고 쓸 사람이 많으면 안 된다. 난 빈부의 한자를 보면서 흥부가 생각났다. 흥부는 가난하고 자식이 많기로 유명하다. 가난해서 자식이 많은 건지, 아니면 자식이 많아 가난한지는 모르겠다. 어찌됐든 버는 것에 비해 돈 들어갈 데가 많으니 가난을 벗어나지 못하는 건 확실하다.

## 자격

돈과 관련해 가장 이상한 단어는 자격資格이다. 자격에 왜 조개 패貝가 들어 있을까? 돈이 있는 것과 자격이 있는 것 사이에 어떤 상관관계가 있을까? 물론 여기의 조개 패貝는 다른 단어에서 유래했다는 설이 유력한 것 같다. 진실眞實의 참 진眞이란 설이 그것이다. 이는 순전히 나만의 자의적 해석임을 밝힌다. 여하튼 난 오랫동안 여기에 대해 의문을 품었다. 그러다 내린 결론은 이렇다. "돈이 없으면 사심을 품을 위험이 커 자기 역할에 충실하지 않을 가능성이 크다. 염불보다는 잿밥에 마음이 갈 가능성이 커서 자격 상실이다."

난 국회의원을 대상으로 이를 검증해보고 싶은 욕구가 있다. 왜 그렇게 많은 사람이 의원 배지를 달려고 애를 쓸까? 순수하게 국가와 민족에 봉사하기 위해서일까? 아니면 일신상의 유익 때문일까? 물론 대부분 국회의원들은 순수하고 자신만이 국민을 행복하게 할 수 있다고 주장할 것이다. 그럼 실험해보자. 일단 국회의원의 조건과 처우를 다음과 같이 바꾸는 것이다.

"국회의원이 되려는 자는 경제적으로 자유로운 자에 국한한다. 차도 없고 비서도 없고 모든 비용은 스스로 조달해야 한다. 급여는 없고 명예만 있다. 의원이 되기 전에 얼마나 돈을 벌었는지, 얼마나 세금을 냈는지를 증명해야 한다. 본인의 경제적 문제조차 해결 못 한 자는 국회의원이 될 수 없다."

만약 이렇게 조건을 바꾼다면 어떤 일이 벌어질까? 그래도 지금처럼 공천을 받기 위해 줄을 서고 난리를 칠까? 결과는 상상에 맡긴다.

돈 얘기가 나온 김에 조개 패貝가 들어 있는 한자를 몇 개 더 살펴보자.

### 탐할 탐貪

지금 금今+조개 패貝다. 지금의 돈만 보는 것이다. 내일은 생각하지 않고 오로지 오늘의 돈만 본다는 뜻이 아닐까? 탐욕貪慾에 쓰인다.

### 내기 도賭

조개 패貝+놈 자者다. 돈을 앞에 둔 사람이 도박꾼이란 것이다. 재미난 묘사다.

### 보배 보寶

집 면宀+구슬 옥玉+장군 부缶+조개 패貝다. 집 안에 있는 구슬, 돈, 그릇이 보물寶物이란 뜻이다. 옛사람들이 중하게 여겼던 것이 무엇인지 알 수 있다.

### 꾸짖을 책責

가시 자束+조개 패貝다. 가시로 찌르면서 돈을 돌려달라고 꾸짖는 모습이다. 재미있는 한자다. 책망責望에 쓰인다.

### 뇌물 뇌賂

파자하면 조개 패貝에 각자를 뜻하는 각various이다. 각자 돈을 받는다는 의미다. 각자에게는 이익이 되지만 사회 전체에는 큰 폐해가 되는 것이다. 사실 각자에게도 장기적으로는 독이 될 수 있다.

이나모리 가즈오 회장이 쓴 책 『왜 사업하는가』에 나오는 글이다. "어떻게 하면 돈을 벌 수 있을까? 여러 방법이 있지만 핵심 중 하나는 신뢰의 획득이다. 신뢰를 얻으면 돈을 벌 수 있지만 신뢰를 잃으면 벌었던 돈도 다 날릴 수 있다. 거기 관련한 한자가 하나 있다. 쌓을 저儲란 한자가 그것이다. 믿을 신信 플러스 놈 자者다. 우리말로 하면 믿을 만한 놈이란 뜻이다. 믿어주는 사람이 늘어나면 매출도 오르고 이익이 올라간다. 누구나 아는 진리다. 신뢰는 비즈니스의 기본이고 비즈니스에서 우선 요구되는 것은 고객이 신뢰할

만한 실적을 쌓아가는 일이다. 하지만 신뢰 위에 한 가지 더 있다. 바로 덕이다. 덕이 요구된다."

# 동네 이름

洞名

　동네 이름에 관심이 많다. 예전에 내가 모시던 상사는 고향이 청주인데 어느 날 차를 마시면서 자기 동네 얘기를 했다. "한 박사, 우리 동네에 비상리와 비하리가 있어. 그런데 그 동네에 청주비행장이 생겼지. 비행기가 뜨는 곳이 비상리이고 비행기가 내리는 곳이 비하리네. 신기하지 않은가?" 아주 오래전에 들은 얘기지만 아직 기억하는 걸 보면 그만큼 내게 와서 꽂힌 것 같다. 혹시 비행장이 생긴 후 동네 이름을 다시 지은 건 아닐까 의심도 했지만 신기한 건 틀림없다. 고흥高興이 인공위성 발사지가 된 것도 발사지와 관련이 있는 것 같다. 높을 고高, 흥할 흥興이다. 높이 흥하는 것과 발사는 잘 맞아떨어지기 때문이다.

　그래서 동네 이름을 들으면 본능적으로 한자로 따져보고 그 동네에 대해 추측하는 게 내 취미 중 하나다. 그러면서 든 질문이 하나 있다. 우리나라에서 가장 일조량이 많은 동네는 어디일까? 난 후보지로 전라도 광양光陽을 생각한다. 광양은 빛 광光에 볕 양陽이다. 두 이름 모두 햇빛과 관련이 있다. 광명光明이란 동네도 일조량이 많을 걸로 추측하지만 확인은 못 했다.

초등학교 1학년 때 난 흑석동黑石洞에서 응암동鷹岩洞이란 동네로 이사를 오게 됐다. 흑석동은 검은 돌이 있다는 뜻이다. 그런데 어디 검은 돌이 있는지는 모르겠다. 난 처음 응암鷹岩이란 이름이 너무 낯설고 이상했다. 응암이라니? 도대체 이게 무슨 의미일까? 그러다 응암이 매바위에서 유래했다는 사실을 알게 됐다. 그때만 해도 그 동네에는 매가 있었다. 동네 이름의 뜻을 알게 됐을 때 참 짜릿했다. 동네 이름을 보면 그 동네에 관한 기본 정보를 알 수 있다. 학원의 메카인 대치동大峙洞도 그렇다. 왜 대치동일까? 대치는 클 대大에 우뚝 솟을 치峙다. 큰 언덕이 있다는 말이다. 삼성동에서 대치동으로 넘어갈 때 있는 큰 언덕 때문에 붙인 이름 같다. 대치동의 원조는 큰 언덕이란 뜻의 한티일 것이다.

아현동阿峴洞, 갈현동葛峴洞, 서현동書峴洞, 현저동峴底洞과 같이 현峴 자가 들어간 동네의 공통점은 뭘까? 대부분 고개가 있다는 것이다. 아현동 고개를 넘어가야 신촌이 나온다. 갈현동도 서현동도 큰 고개가 있다. 현저동은 고개 아래란 뜻이다. 무악재 넘어서 있는 동네가 현저동이다. 고개 현峴은 뫼 산山+볼 견見이다. 가다 보니 산이 보인다는 뜻이다. 물론 회현동會賢洞은 그렇지 않다. 대구大邱는 왜 대구일까? 구邱는 언덕이란 뜻이다. 큰 언덕에 둘러싸인 분지여서 대구는 덥다. 대관령大關嶺, 한계령寒溪嶺에 들어 있는 령嶺은 높은 산이란 뜻이다. 이름만 들어도 높은 산 느낌이 난다.

# 동맥과 정맥

## 줄기 맥脈

병원에서 사용하는 말은 대부분 한자에서 유래했다. 서양 의술이 일본을 통해 들어오면서 일본인들이 번역해 만든 말을 우리가 현재 사용하기 때문이다. 일본은 오랫동안 네덜란드와 교류했다. 에도 시대에 독일 의사 요한 쿨무스Johann Adam Kulmus의 저서 『해부도보Anatomische Tabellen』의 네덜란드어 번역판을 중역해 『해체신서』를 냈다. 지금 우리가 사용하는 많은 의학 용어를 그때 만들었다고 한다. 신상목의 저서 『학교에서 가르쳐주지 않는 일본사』에서 읽은 내용이다. 골격, 동맥, 정맥 같은 단어도 그때 일본인들이 만든 것 같다. 그중 몇 가지에 관해 얘기해보자.

일단 동맥과 정맥이다. 난 한 번도 동맥이 왜 동맥이고 정맥이 왜 정맥인지 생각하지 않고 살았었다. 그런데 어느 날 몇 가지 의문점이 생겼다. 동맥경화란 말은 있는데 왜 정맥경화란 말은 없을까? 동맥은 왜 동맥이고 정맥은 왜 정맥일까? 경동맥은 대체 어디 있는 동맥일까? 하지정맥은 무슨 뜻일까? 왜 하지정맥은 있는데 하지동맥은 없을까? 하지정맥의 하지와 낮이 가장 긴 하지는 같은 하지일까? 만약 손자 주원이가 내게 이런 질문을 하면 설명해줄 수 있을까? 한자를 모르면 설명 불가다.

한자를 보면 어느 정도 추측이 가능하다. 동맥動脈은 움직일 동動에 맥 맥脈이다. 움직이는 핏줄이란 의미다. 정맥靜脈은 다르다. 정맥은 조용한 핏줄이다. 고요할 정靜에 맥 맥脈이다. 동맥은 심장에서 신체 각 조직에 혈액을 실어 나르는 역할을 한다. 동맥을 통해 산소와 영양분을 공급한다. 당연히 펄쩍펄쩍 살아 움직여야 한다. 그래서 동맥이다. 정맥은 다르다. 모세혈관을 통과한 혈액이 심장으로 돌아오는 게 정맥이다. 동맥처럼 힘찰 필요가 없다. 그렇다면 동맥경화란 무엇일까? 경화硬化란 한자를 해석하면 쉽게 이해할 수 있다. 경화는 딱딱해진다는 뜻이다. 동맥이 콜레스테롤 등으로 인해 좁아지거나 딱딱해지는 것이 동맥경화다. 하지정맥下肢靜脈도 한자를 알면 대충 짐작할 수 있다.

그렇다면 부정맥은 뭘까? 난 부정맥이란 단어를 들었을 때 정맥이 아닌 것으로 생각했다. 한자를 찾아보니 부정맥不整脈이다. 글자 그대로 하면 정리되지 않은 핏줄이란 말이다. 의학적으로 심장 박동이 불규칙한 걸 말한다. 영어로 어리드미어arrhythmia인데 a, rhythm, mia로 나눌 수 있다. a는 부정을 나타내고, 리듬rhythm은 글자 그대로 리듬이고, 미아mia는 병이란 뜻이다. 리듬이 없는 병이 부정맥이란 것이다. 영어를 한자로 풀어내면서 만들어진 단어라 한자를 알면 훨씬 의미가 명료해진다.

경동맥은 어떤가? 경동맥의 정확한 위치를 알고 있는가? 난 처음 이 단어를 들었을 때 가벼울 경輕을 연상했다. 가벼운 동맥? 이게 무슨 뜻이지? 그런데 가벼울 경이 아니라 목 경頸이다. 목에 있는 동맥이어서 경동맥頸動脈이다. 뇌로 가는 동맥이니까 인간에게 가장 중요한 동맥이다. 경추頸椎 신경을 다쳐 하반신이 마비됐다고 할 때의 경추도 목을 의미한다. 고관절이 어디인지 아는가? 난 오랫동안 고관절股關節의 고를 높을 고高로 생각했다. 그게 아니다. 넓적다리 고股다.

　말이 나온 김에 정물화와 정전기에 관해 얘기해보자. 이 단어를 언제 처음 들었는가? 그 당시 이 단어를 듣고 무슨 생각을 했는가? 지금은 정확한 의미를 알고 있는가? 솔직히 나도 최근 한자 공부를 하면서 알게 됐다. 둘 다 고요할 정靜을 쓴다. 정물화靜物畵는 정지된 물건을 놓고 그린 그림이다. 정전기靜電氣는 조용한 전기다. 보통 전기는 조용하지 않다. 양극에서 음극으로 흐르는데 정전기는 그렇지 않다. 정지된 전기다. 훨씬 의미가 명료해진다.

　정靜을 파자하면 푸를 청靑+싸울 쟁爭이다. 이상하다. 왜 조용한 걸 표현하는 데 싸울 쟁을 사용했을까? 전쟁 후의 고요함을 얘기하는 게 아닐까? 손자들이 난리를 치다 돌아간 후 집 안에 흐르는 정적을 느끼면서 이런 생각을 했다. 계속 고요한 건 고요한 게 아니다. 전쟁처럼 시끄러운 후에 오는 고요함이 정말 고요함이다. 옛사람들이 이를 한자로 표현한 것이 아닐까?

# 동물
動物

재레드 다이아몬드Jared Mason Diamond의 저서 『총균쇠』를 보면 문명 발달의 핵심 중 하나가 가축화다. 가축화를 잘한 곳은 번성했고 실패한 곳은 번성하지 못했다. 가축화에서 가장 중요한 건 바로 가축화할 대상이 많아야 한다는 것이다. 언제부터 인간은 동물과 함께 살았을까? 인간이 동물을 길들였을까, 아니면 동물이 목적을 갖고 인간과 함께 살았을까? 동물과 함께 살면서 누가 더 도움을 받았을까? 내가 늘 갖는 의문이다. 한자는 인간이 동물과 함께 산 이후에 만들어졌다. 그래서 동물에게서 아이디어를 얻어 만든 글자가 많다.

## 소 우牛

### 고백할 고告
소 우牛+입 구口다. 소를 제물로 바친 후 신에게 입으로 그 사실을 고하는 모습을 딴 글자다. 농사에 필수품인 소를 제물로 바치는 걸로 봐서는 제사가 얼마나 중요한 행사인지 알 수 있다. 소까지 바쳤으니 잘 부탁한다는 인간의 절규가 느껴진다.

### 칠 목牧

소 우牛+칠 복攵이다. 소를 막대기로 치면서 몰고 가는 형상이다. 교회의 목사牧師님은 신자라는 양을 치는 목자인 것이다.

### 끌 견牽

검을 현玄+덮을 멱冖+소 우牛다. 쇠코뚜레에 줄을 매고 소를 끌고 간다는 뜻이다. 이미 고대에도 소를 그런 식으로 끌고 다니면서 농사를 지었다는 사실을 알 수 있다. 견인차牽引車를 보면 소를 끌고 가는 것과 비슷해 보인다.

### 더딜 지遲

무소 서犀+갈 착辶이다. 무소의 걸음이 느린 데 착안해 만든 글자다. 지각遲刻에 쓰인다.

## 양 양羊

양은 유순한 동물로 예부터 좋은 이미지를 가졌다. 그래서 양이 들어간 한자는 대부분 긍정적이다. 부정적인 한자가 별로 없다.

## 아름다울 미美

양 양羊+클 대大다. 큰 양이 아름답다는 것이다. 대표적으로 미인美人에 쓰인다.

## 착할 선善

양 양羊+말씀 언言이 두 개 들어 있다. 양과 같이 말하는 것이 선하다는 뜻이다.

## 옳을 의義

양 양羊+나 아我다. 신에게 양을 바치는 일이 옳다는 뜻이다. 의리義理, 정의正義, 신의信義에 쓰인다.

## 바다 양洋

출렁이는 바다 물결을 보고 수많은 양 떼를 연상한 것 같다.

## 무리 군群

임금을 뜻하는 군君+양 양羊이다. 임금 행차를 보려고 양 떼처럼 몰려든 군중을 묘사한 것 같다. 지금도 대통령이 오면 사람들이 양 떼처럼 몰려드는 것과 같다. 군중群衆에 쓰인다.

## 어긋날 차差

양이 들어간 글자 중 유일하게 부정적인 글자다. 양 양羊+왼 좌

左의 결합이다. 신에게 올리는 양을 왼손으로 바치는 건 아니라는 말이다. 차이差異에 쓰인다. 어긋날 차差에 발 족足이 붙으면 미끄러질 차蹉가 된다. 차질蹉跌에 쓰인다.


## 말 마馬

갈기와 네 다리를 특징적으로 그린 글자다.

### 시험試驗

우리가 늘 시달리는 시험에 말이 들어간다. 왜 그럴까? 말은 시험을 해봐야 능력을 알 수 있기 때문일 것이다. 그와 관련해 "말은 멀리 달려봐야 능력을 알 수 있고, 사람은 시간이 지나봐야 본색을 알 수 있다"란 격언이 연상된다. 겉으로 멀쩡해 보이는 말이 시원치 않을 수 있기 때문이다.

### 머무를 주駐

말 마馬+주인 주主다. 말은 주인을 따라 머문다는 의미다. 지금도 그러하다. 주인 옆에 늘 차가 있게 마련이다. 주차駐車에 쓰인다.

### 교만할 교驕

말 마馬+높을 교喬다. 키가 커 사람 말을 잘 듣지 않는 말을 의미한다.

## 몰 구驅

구축驅逐은 몰아서 쫓아내는 것이다. 구제驅除는 몰아서 제거한다는 말이다. 모두 말을 한쪽으로 몬다는 뜻인 몰 구驅를 쓴다.

## 떠들 소騷

말 마馬+벼룩 조蚤다. 벼룩에 물린 말이 난리 치는 걸 보고 만든 글자다. 소동騷動에 쓰인다.

## **사슴 록**鹿

머리에 뿔이 난 사슴을 형상화했다. 사슴은 길한 짐승으로 여겨졌다.

## 고울 려麗

사슴의 머리에 난 두 개의 뿔이 곱다는 의미다. 화려華麗하다, 한려수도閑麗水道에 쓰인다.

## 천거할 천薦

풀 초艸+해태 치薦다. 해태가 좋아하는 풀을 추천한다는 의미다. 해태는 머리는 사슴 모양이고 몸은 새 모양을 한 상상의 동물로 선악과 시비를 구별한다고 한다. 천거薦擧, 추천推薦에 쓰인다.

### 티끌 진塵

사슴들이 땅 위를 달릴 때 먼지가 나는 걸 표현한 글자다. 분진粉塵에 쓰인다.


## 개 견犬

위는 머리이고 아래는 꼬리인 개의 형상이다. 변으로 쓸 때는 개사슴록변犭이라고 부른다.

### 엎드릴 복伏

개가 사람 앞에 엎드린 모양이다. 혹은 여름철의 몹시 더운 기간인 초복, 중복, 말복을 뜻하는 삼복三伏에서는 너무 더워 사람이 개처럼 혀를 내밀고 엎어져 있는 형상이다. 복지부동伏地不動 할 때도 쓰인다. 글자 그대로 땅에 납작 엎드려 꼼짝하지 않는 모습이다. 항복降伏 할 때도 쓰인다.

### 갑자기 돌突

동굴 혈穴＋개 견犬이다. 개가 개구멍에서 갑자기 뛰어나오는 모습이다. 돌연突然, 돌발突發에 쓰인다.

### 좁을 협狹

개가 옆구리를 대고 통과해야 하는 좁은 길을 형상한 글자다. 협

소狹小, 편협偏狹에 쓰인다.

### 감옥 옥獄

두 개의 개 견犬+말씀 언言이다. 두 마리 개가 말다툼을 하는 형상이다. 감옥監獄, 지옥地獄에 쓰인다.

### 갑자기 졸猝

개사슴록변 견犭+마칠 졸卒이다. 개는 갑자기 죽기 때문이다. 졸부猝富, 졸지猝地에 쓰인다.

### 미쳐 날뛸 창猖

개사슴록변 견犭+빛날 창昌이다. 개가 눈을 밝히며 날뛴다는 뜻이다. 창피猖披에 쓰인다.

### 미칠 광狂

개사슴록변 견犭+임금 왕王이다. 왕이 미치면 피해는 국민에게 돌아간다. 미쳐 날뛰는 것 중 제일 폐해가 심한 것이 왕이다.


## 돼지 시豕

글자에서 돼지의 다리와 꼬리가 보인다. 왼쪽이 다리이고 오른쪽이 등이다.

### 돼지 돈豚

고기를 뜻하는 육달월 월月+돼지 시豕여서 돼지고기다. 양돈養豚, 돈육豚肉에 쓰인다.

### 집 가家

집 면宀+돼지 시豕다. 집에 왜 돼지가 들어 있을까? 집을 지을 때 돼지를 제물로 바쳤기 때문이다. 집에서 돼지를 키운다는 것으로 해석하기도 한다.

### 걸음 축豕

돼지 시豕에 점 하나를 찍으면 걸음 축豕이 된다. 돼지가 앞발로 바닥을 콕콕 찍으며 걷는 모습이다. 걸음 축豕에 구슬 옥玉을 더하면 쪼을 탁琢이 된다. 옥을 갈고닦아서 빛을 낸다는 뜻으로 부지런히 학문과 덕행을 닦음을 뜻하는 절차탁마切磋琢磨의 탁이 그것이다.

### 쫓을 축逐

돼지 시豕+갈 착辶이다. 난 오랫동안 구축함驅逐艦의 정확한 뜻을 몰랐는데 한자를 공부하며 정확히 알게 됐다. 구驅는 말을 몰듯 몬다는 뜻이고 축逐은 쫓아낸다는 뜻이다. 구축함은 적을 몰아서 쫓아내는 배를 의미한다. 축출逐出에도 쓰인다.

한자는 어떻게 공부의 무기가 되는가

### 굳셀 의毅

돼지 시豕+설 립立+창 수殳다. 성난 돼지가 털을 빳빳하게 세우고 몽둥이에 대항하는 모습이다. 의연毅然하다에 쓰인다.

### 호걸 호豪

호걸은 호걸 호豪와 호걸 걸傑을 결합한 말이다. 호豪는 높을 고高+돼지 시豕다. 갈기를 빳빳하게 세운 돼지의 형상이다. 걸傑은 사람 인亻+홰 걸桀이다. 홰대 위에 올라선 사람을 뜻한다.


## 호랑이 호虎

호랑이의 몸통과 발을 제외하고 입을 벌리고 있는 머리 부분만 형상화했다.

### 빌 허虛

호랑이 호虎+언덕 구丘다. 호랑이가 언덕에 나타나면 마을에는 사람들이 도망가서 아무도 없다는 의미다. 허무虛無하다 할 때의 그 허다.

### 심할 극劇

호랑이 호虎+돼지 시豕+칼 도刂다. 호랑이와 돼지의 칼 싸움이 심하다는 뜻이다. 연극演劇, 비극悲劇, 극적劇的이다에 쓰인다.

### 모질 학虐

호랑이 호虎+손톱 조爪다. 호랑이 발톱이 얼마나 날카로운가? 손톱 조爪 자를 뒤집은 모양이다. 학대虐待에 쓰인다.

### 희롱할 학謔

말씀 언言+모질 학虐이다. 사나움을 말로 잘 승화한 게 익살이다. 해학諧謔에 쓰인다.

### 공경할 건虔

호랑이 호虎+글월 문文이다. 범 무늬 문신을 할 때 삼가는 마음이다. 경건敬虔에 쓰인다.

## 기타 동물

뜻밖에 동물과 관련된 단어들을 소개한다.

### 누에 잠蠶

잠식蠶食은 누에 잠蠶에 밥 식食을 쓴다. 누에가 뽕잎을 먹듯 남의 영토를 야금야금 침략해간다는 뜻이다.

### 코끼리 상象

예상像想하다의 미리 예像는 나 여予+코끼리 상象이다. 코끼리는 의심이 많아 행동하기 전에 생각을 한다.

### 원숭이 저狙

저격狙擊은 원숭이 저狙와 칠 격擊을 결합한 단어다. 여기서 저狙는 긴팔원숭이를 가리킨다. 긴팔원숭이는 꾀가 많고 교활해 먹잇감이 있으면 틈을 노렸다가 단번에 후려친다.

### 유예猶豫

두 글자는 모두 망설이다는 뜻이 있는데 상상의 동물에서 나온 말이다. 유猶는 원숭이의 일종이다. 겁이 많아서 먹이를 찾다가 조그만 소리만 들려도 도망간다. 예豫는 몸집이 큰 코끼리의 일종이다. 덩치만 컸지 겁쟁이라서 좀체 앞으로 나가지 못한다. 겁이 많아 머뭇거리고 행동으로 옮기지 못하는 두 동물을 합쳐 유예란 말이 생겼다.

### 숨을 칩蟄

잡은 집執+벌레 충虫이다. 잡은 벌레처럼 꼼짝 안 하는 형상이다. 칩거蟄居에 쓰인다.

### 마칠 파罷

그물 망网+능할 능能이다. 곰이 그물에 잡힌 모양이다. 파업罷業에 쓰인다.

# 듣는 것
## 귀 이耳

보는 건 대부분 눈 목目 자가 들어 있듯이 듣는 건 대부분 귀 이
耳 자가 들어 있다. 사람 귀의 형상이다. 옛사람들은 듣는 것에 대
해 어떻게 생각했을까?

### 들을 문聞

듣는 것을 대표하는 글자다. 문에 귀를 대고 듣는 형상이다. 신
문新聞, 청문회聽聞會 등에 쓰인다.

### 들을 청聽

귀 이耳+임금왕 王+클 덕悳이다. 귀를 크게 열고 듣는다는 뜻
이다. 귀를 왕처럼 열어 듣는다고 해석하기도 한다. 경청敬聽에 쓰
인다.

### 총명할 총聰

내가 생각하는 총명聰明한 사람은 귀가 밝은 사람이다. 말귀를

잘 알아듣는 사람이다. 이와 반대로 말귀를 못 알아듣는 사람이 있다. 맥락을 못 읽는 사람이다.

### 성인 성聖

귀 이耳와 입 구口가 들어 있다. 하늘의 소리를 들어 세상에 전하는 존재가 성인聖人이다. 사람의 말을 잘 듣는 사람을 성인으로 재해석할 수도 있다.

### 가질 취取

귀 이耳+오른손 우又다. 적군의 귀를 손으로 베어 갖는다는 뜻이다. 가장 최最는 말할 왈曰+가질 취取다. 적군의 귀를 베어 왔다고 말하는 자가 최고란 의미다. 비슷한 글자가 연이을 련聯이다. 귀 이耳+실 사絲다. 적의 귀를 베어 실로 연이어 꿴 모습이다. 끔찍한 역사를 말해준다. 귀를 자르고 그 귀를 꿰다니!

### 벼슬 직職

벼슬과 귀는 무슨 관련이 있을까? 벼슬 직職을 파자하면 귀 이耳+새길 시戠다. 벼슬이란 귀로 잘 듣고 새기는 직분이란 말이 아닐까? 그렇다면 업業은 무엇일까? 떨기 착丵+나무 목木이다. 장식이 무성한 악기를 걸어놓은 모양이다. 기예의 습득 행위 같은 것이다. 작은 일 같지만 업은 사명이다. 내가 이 일을 하는 이유다.

### 소곤거릴 섭聶

귀가 세 개 있으므로 여러 귀를 모으고 소곤거린다는 뜻이다. 여기에 손 수手를 더하면 다스릴 섭攝이다. 끌어당긴다는 의미도 있다. 포섭包攝할 때는 크게 얘기하는 대신 귀를 당겨 소곤거려야 한다.

### 부끄러울 치恥

귀 이耳+마음 심心이다. 마음의 소리를 들으니 부끄럽다는 뜻이다. 참 잘 만든 글자다. 불치하문不恥下問, 수치羞恥스럽다에 쓰인다.

# 맛
## 맛 미味

천신만고 끝에 그 산에 올랐다, 천신만고 끝에 사법고시에 합격했다는 식으로 천신만고를 자주 쓴다. 천신만고千辛萬苦는 천 가지 신맛과 만 가지 쓴맛을 본 후에 해냈다는 뜻이다.

인생에는 여러 맛이 있다. 맛을 뜻하는 한자는 맛 미味다. 입 구口+아직 미未다. 미완성의 그 미다. 완성된 음식 맛을 보는 게 아니라 미완성된 음식 맛을 보는 것이 미이기 때문이다. 누구나 인생을 사는 중이고 인생의 맛을 보는 중이다. 여러분은 현재 어떤 맛을 느끼고 사는가?

### 매울 신辛

신라면은 많은 사람의 사랑을 받고 있다. 신라면의 신은 매울 신辛이다. 농심그룹 신춘호 회장의 성씨이기도 하다. 어떤 연유에서 신라면이란 브랜드를 만들었는지는 모르지만 신辛 그 자체가 매운맛을 상징하는 건 틀림없다. 원래 이 글자는 아래에 손잡이가 있는 형벌 도구를 뜻한다고 한다. 상처를 내거나 묵형을 위한 고문

도구다. 십자가 위에 서 있다고 해석하는 사람도 있다. 서양은 십자가를 메지만 동양은 십자가에 서 있다는 것이다.

신辛과 관련한 글자는 매운 것과 관련이 있게 마련이다. 먼저 비판이 신랄하다고 할 때의 신랄辛辣은 두 글자 모두 맵다는 뜻이다. 매울 랄辣은 매울 신辛+묶을 속束이다. 묶어놓고 찌른다로 해석할 수도 있다. 요즘 유행하는 마라탕 역시 매운 걸로 유명하다. 한자로는 마랄麻辣로 쓰는데 중국어 발음은 마라다. 마비, 마취의 마麻는 그냥 매운 게 아니라 약간 혀가 마비되는 느낌이다. 그냥 매운 것과는 조금 다르다. 마비가 되지만 안 먹으면 생각이 나는 매운맛이다. 랄辣이란 한자는 중국 음식 이름에 제법 많이 쓰이는데 모두 맵다는 공통점이 있다. 라조기, 라조육이 그렇다. 둘 다 매운 닭고기와 매운 돼지고기 음식이다. 중국 쓰촨요리는 매운 걸로 유명하다. 나는 개인적으로 라즈지라고 하는 매운 닭튀김 요리를 좋아한다.

또 다른 글자는 변호사辯護士 할 때의 말씀 변辯이다. 양쪽에 매울 신辛이 있고 가운데 말씀 언言이 있다. 서로가 매운 말을 주고받는다는 의미로 해석하면 무방하다. 설혹 그게 진실이 아니더라도 그렇게 외우면 쉽게 외울 수 있다. 재상宰相 할 때의 재宰에도 신辛이 들어 있다. 집 면宀+매울 신辛이다. 예전 재상은 집 안에서 형벌을 주관하는 역할이 아니었을까 추측한다. 맵다는 뜻의 한자로 매울 가苛도 있다. 가혹苛酷하다, 가렴주구苛斂誅求에 쓰인다.

### 달 감甘

단맛을 뜻하는 한자는 달 감甘이다. 입속에 혀가 있는 형태다. 감미甘味롭다. 감언이설甘言利說, 고진감래苦盡甘來 등에 쓰인다. 달면 삼키고 쓰면 뱉는다는 뜻의 감탄고토甘吞苦吐도 자주 쓰는 사자성어다.

### 쓸 고苦

또 다른 맛은 쓴맛이다. 인생의 쓴맛을 본다고 하는데 여기 해당하는 한자는 쓸 고苦다. 오래된 풀이 쓰다는 의미다. 고생苦生했다, 고민苦悶이다, 고통苦痛을 당하다, 고충苦衷 처리 중이다, 고배苦杯를 마시다에 쓰인다. 사자성어로는 동고동락同苦同樂, 학수고대鶴首苦待 등이 있다.

# 머리
## 머리 수首

일본에서 회사를 잘렸다는 말로 흔히 구비란 말을 쓴다. 구비는 바로 머리를 뜻한다. 속된 말로 모가지가 잘렸다는 뜻이다. 옛사람들에게 머리는 어떤 의미였을까?

### 머리 수首
머리털과 코가 있는 머리 모양을 나타낸 글자다.

### 길 도道
머리 수首+갈 착辶이다. 머리가 가는 곳이 길이란 뜻이다. 머리는 마음이 가는 곳으로 움직인다. 사람이 지켜야 할 도리를 뜻한다. 도로道路, 도리道理, 도덕道德 등에 쓰인다.

### 인도할 도導
길 도道+마디 촌寸이다. 가야 할 길을 손으로 인도한다는 의미다. 인도引導, 지도指導, 반도체半導體 등에 쓰인다.

### 고을 현縣

매달 현県+이을 계系다. 머리를 거꾸로 매달은 고을이란 뜻이다.

### 매달 현懸

죄수의 머리를 매달아 경계로 삼도록 한다는 의미다. 끔찍하다.
현수막懸垂幕, 현안懸案 등에 쓰인다.

## 머리 혈頁

사람의 머리 모양인데 보통 목을 표현하는 데 많이 쓴다.

### 완고할 완頑

으뜸 원元+머리 혈頁이다. 자기 머리가 으뜸이라고 생각하는
사람은 완고한 사람이다. 누군가 조언을 하는데 에헴 하면서 고개
를 돌리는 장면이 연상된다.

### 기울일 경傾

사람 인亻+잠깐 경頃이다. 그쪽으로 머리를 굽힌다는 뜻이다.
경청傾聽이란 단순히 잘 듣는 게 아니라 말하는 사람 쪽으로 몸을
기울이는 것을 뜻한다. 참 잘 만든 단어다.

### 제목 제題

옳을 시是+머리 혈頁이다. 옳다고 생각해 이를 머리 부분에 표시한 것이 제목이다. 글을 쓰거나 책을 쓸 때 가장 중요한 것이 제목을 정하는 것이다. 좋은 제목은 제목만으로 그 책이 어떤 책인지, 무얼 말하려는지 알 수 있다.

### 순할 순順

내 천川+머리 혈頁이다. 머리가 물 흐름에 따른다는 뜻이다. 대세에 지장이 없는 한 대세를 따른다는 것이다. 유순柔順하다에 쓰인다.

### 칭송할 송頌

공평할 공公+머리 혈頁이다. 공평하게 머리를 써서 일하는 사람을 칭송한다는 뜻이다.

### 여름 하夏

머리 혈頁+천천히 걸을 쇠夊다. 천천히 걸어도 머리에 땀이 난다는 말이다.

## 정수리 신囟

어린아이의 머리뼈가 굳지 않은 상태의 정수리 모양이다. 생각과 관련한 한자에 많이 들어 있다.

생각할 사思

정수리 신囟+마음 심心이다. 머리와 마음으로 생각한다는 뜻이다. 사상思想에 쓰인다.

골 뇌腦

육달월 월月+골 뇌𦟝다. 사람의 머리에서 올라가는 기나 숨을 표현한 것이다. 두뇌頭腦, 뇌리腦裡에 쓰인다.

# 몸
## 육달월 월月

몸에 관심이 많다. 그래서 『몸이 먼저다』와 『고수의 몸 이야기』 란 책을 썼다. 나이가 들수록 몸이 가장 중요하다고 생각하게 된다. 돈이 많고 지위가 높아도 몸이 무너지면 다 소용없다는 걸 알기 때문이다. 옛사람들은 몸에 대해 어떻게 생각했을까? 몸과 관련한 한자를 보면 어느 정도 옛사람들의 생각을 알 수 있다. 일단 몸의 한자는 고기, 살을 뜻하는 육肉이다. 부수로 쓰일 때는 달 월月(月)의 형태로 변한다. 그런데 달이 아니라 신체의 구성 요소이기 때문에 육달월이라고 부른다. 몸의 부위와 장기를 나타내는 한자를 몇 가지 살펴보자.

### 허리 요腰

육달월 월月+중요할 요要다. 몸에서 제일 중요한 것이 허리란 의미에서 이렇게 글자를 만든 것 같다. 주변에 허리 디스크로 고생하는 분들이 많다. 걷는 건 물론이고 일상에서 많은 불편을 겪는다. 지인은 "허리가 무너지니까 삶 전체가 무너지는 것 같다"라고 얘기한다. 몸에서 중요하지 않은 부분이 없지만 그중에서도 으뜸은 허리가 아닐까 싶다. 그래서 허리에 요要 자를 썼을 것이다. 관련해 요절腰折이란 말이 있다. 허리를 부러뜨린다는 뜻이다. 끔찍한 말이다.

## 간肝

간肝은 육달월 월月+방패 간干이다. 몸을 지키는 방패 같은 존재다. 술을 많이 마시거나 몸을 혹사하면 간이 나빠진다. 간이 나빠지면 몸을 지키지 못한다. 별다른 진단 도구가 없었던 옛사람들이 어떻게 간이 방패 역할을 한다는 사실을 알았을까? 참 신기한 일이다.

## 폐肺

허파를 뜻하는 폐肺는 육달월 월月+시장 시市다. 왜 시장의 시를 갖다 썼을까? 많은 사람이 오고 가는 시장처럼 공기가 많이 출입한다는 의미 같다. 참 재미난 표현이다.

## 신腎

신장을 뜻하는 신腎은 육달월 월月+신하 신臣이다. 신하처럼 몸에서 온갖 노폐물을 걸러내는 일을 한다는 의미가 아닐까?

위胃

위는 소화기관이다. 밭 전田+육달월 월月이다. 여기에서 전은 되새김질하는 소 밥통의 모양을 나타냈다. 밥을 소화하는 곳이란 의미다.

근육筋肉

힘줄 근筋은 대나무 죽竹+육달월 월月+힘 력力이다. 대나무처럼 생겼고 힘을 쓰는 부위란 뜻이다. 옛사람들도 근육의 역할과 소중함을 알았음이 틀림없다. 힘을 쓰려면 근육을 단련해야 하고 근육은 힘을 써야 생긴다. 근육 얘기가 나온 김에 길항근拮抗筋을 소개한다. 일할 길拮, 저항할 항抗이다. 근육은 늘 양방향으로 힘이 작동한다는 것이다. 특정 근육을 지칭하는 게 아니다. 미는 근육이 있으면 그것에 반대되는 근육이 있다는 말이다. 그래서 그 근육만 쓰면 한쪽 근육은 강해지지만 나머지 근육은 약해진다. 투수들이 어깨 근육을 자주 다치는 이유이기도 하다.

## 몸과 관련한 한자

취약脆弱

무르고 약하다는 뜻이다. 무를 취脆는 육달월 월月+위태할 위危다. 몸이 무르다는 것은 몸이 위험한 것이다.

## 위협威脅

힘으로 으르고 협박한다는 뜻이다. 옆구리 협脅은 위에 힘 력力이 세 개 있고 아래에 육달월 월月이 있다. 팔을 겨드랑이에 넣고 양쪽에서 힘을 주면 꼼짝 못 하는 걸 형상화했다.

## 간담肝膽

간담이 서늘하다는 말을 자주 한다. 간肝은 간이고 담膽은 쓸개를 말한다. 대담大膽하다, 담력膽力 있다 하는 말은 쓸개와 담력 사이에 뭔가 깊은 관계가 있다는 말이다. 실제로 그런지 알고 싶다.

# 무기
武器

간섭干涉은 방패 간干에 건널 섭涉을 결합한 단어다. 방패는 수
비하는 것이다. 방패를 넘어가면 안 되니 거리를 지키라는 뜻이다.
한자에서 가장 흔한 글자가 전쟁, 싸움, 무기에 관한 글자다. 그만
큼 싸움을 많이 했다는 증거다.

**칼 도刀**

무기의 중심은 칼이다. 칼 도刀는 왼쪽이 날인 칼의 형상이다.
단도短刀, 면도面刀와 같은 칼의 종류를 뜻하는 글자만이 아니라
돌리지 않고 바로 얘기를 하는 단도직입單刀直入에도 쓰인다. 변
으로 쓸 때는 선칼도방 도刂라고 부른다.

칼 검劍

모두 첨僉+칼 도刀다. 양면 모두 날이 있는 칼을 뜻한다. 검도劍
道, 검술劍術에 쓰인다.

### 나눌 분分

여덟 팔八+칼 도刀다. 칼로 베어 나눈다는 뜻이다. 분리分離, 분열分裂에 쓰인다.

### 나눌 별別

칼로 베어 나뉘어지듯 헤어지는 것을 뜻한다. 이별離別, 작별作別에 쓰인다.

### 맺을 계契

새길 갈㓞+클 대大다. 칼로 새긴 중대한 약속이다. 갈㓞은 나무에 칼로 선을 그은 모양이다. 대大는 증인을 의미하는 것 같다. 계약契約, 계기契機에 쓰인다. 맺을 계契에 실 사糸 변을 쓰면 헤아릴 혈絜이 된다. 거기에 물 수氵 변을 쓰면 순결純潔 할 때의 깨끗할 결潔이 된다.

### 법제 제制

소 우牛+수건 건巾+칼 도刂다. 소가죽과 옷감을 칼로 마름질한다는 뜻이다. 제도制度, 제재制裁, 억제抑制에 쓰인다.

### 찌를 자刺

가시 자束+칼 도刂다. 가시와 칼로 찌른다는 뜻이다. 자극刺戟, 자객刺客에 쓰인다.

물 설齧

새길 갈刧+이빨 치齒다. 쥐 같은 것이 자꾸 뭔가를 무는 걸 보고 만든 말이다. 설치齧齒류에 쓰인다.


## 도끼 근斤

### 군사 병兵

두 손에 도끼를 들고 싸우는 사람을 형상한 글자다.

### 가까울 근近

도끼 근斤+갈 착辵이다. 도끼로 나누니 작아지면서 가까워진다는 것이다. 도끼를 잡을 수 있을 정도로 가깝다는 뜻으로 해석하기도 한다. 근처近處, 근접近接에 쓰인다.

### 곳 소所

집 호戶+도끼 근斤이다. 항상 도끼를 두는 곳이란 말이다. 장소場所, 소속所屬에 쓰인다.

### 새로울 신新

설 립立+나무 목木+도끼 근斤이다. 도끼로 나무를 잘라 새로운 싹이 나온다는 말이다. 신문新聞, 신혼新婚에 쓰인다.

### 벨 참斬

도끼로 베거나 사지를 묶고 수레를 끌어 죽인다는 말이다. 관련해 참신斬新이란 말이 있는데 둘 다 도끼 근斤이 들어 있다. 잔인한 측면이 있는 말이다.

### 빌 기祈

제단을 뜻하는 보일 시示+도끼 근斤이다. 전쟁을 나가기 전 제단 앞에서 도끼를 두고 승리를 비는 형국이다. 기도祈禱에 쓰인다.

### 장인 장匠

곱자 방匚+도끼 근斤이다. 곱자와 도끼를 사용하는 기술자란 뜻이다.

## 창 과戈

긴 막대기 끝에 찌르거나 베거나 하는 흉기가 달린 물건이 창이다.

### 칠 벌伐

사람 인亻+창 과戈다. 창으로 사람을 치다, 베다는 의미다. 벌목伐木, 벌초伐草에 쓰인다.

나 아我

손 수手+창 과戈다. 손에 창을 들고 지키는 나를 의미한다. 자아
自我, 아집我執에 쓰인다.

업신여길 멸蔑

깔보는 눈으로 바라보며 창으로 죽인다는 말이다. 모멸侮蔑, 멸
시蔑視에 쓰인다.

혹시 혹或

창 과戈+나라 국口+한 일一이다. 혹시 몰라 무기를 들고 나라
의 경계를 지키는 자세다.

놀이 희戱

빌 허虛+창 과戈다. 실제 창이 아니라 허구의 창을 연극에서 사
용한다는 뜻이다. 희곡戱曲, 희롱戱弄에 쓰인다.


## 창 모矛

힘쓸 무務

창 모矛+칠 복攵+힘 력力이다. 창을 들고 쳐서 힘써 나간다는
뜻이다. 임무任務, 의무義務에 쓰인다.

### 부드러울 유柔

창 모矛+나무 목木이다. 창 자루는 부드러운 나무가 좋다. 유도
柔道에 쓰인다.

### 자랑할 긍矜

창 모矛+지금 금今이다. 지금 창 자루를 잡은 모습이 자랑스럽
다는 것이다. 긍지矜持에 쓰인다.

## 활 궁弓

### 끌 인引

활시위에 화살을 채워 앞으로 당기는 모습을 형상한 글자다.

### 오랑캐 이夷

옛날 우리는 동이족으로 불렸다. 동쪽에 사는 오랑캐란 말이다.
이夷는 사람 인人+활 궁弓이다. 사람이 활을 맨 형상이다. 그만큼
활을 잘 쏜 모양이다. 한국이 양궁 최강인 건 결코 우연이 아니다.

### 강약強弱

강약에는 둘 다 활 궁弓이 들어 있다. 강은 활을 쏠 때의 강한 팔
뚝을 연상한 글자이고 약은 활을 오래 쏴서 감은 천이 날개처럼 너

덜너덜해진 모양이다.


## 화살 시矢

위쪽이 화살촉인 화살의 형상이다.


### 알 지知

화살 시矢+입 구口다. 화살처럼 입으로 정확하게 말할 수 있을
정도로 아는 것이다.


### 과녁 후侯

사람 인人+언덕 엄厂+화살 시矢다. 활을 쏘는 과녁 또는 활을
들고 경비하는 성벽 위의 제후라는 뜻이다.


### 살필 후候

기후, 계절, 절기라는 뜻도 있다. 사람 인亻+화살 시矢+뚫을 곤丨
이다. 과녁을 뚫었는지 살피는 것이다. 제후는 철 따라 백성들을 살
피는 사람이다.


### 끙끙 앓을 예殹

화살과 창에 맞아 끙끙 앓는다는 말이다. 의사, 의원 할 때의 의
원 의醫는 끙끙 앓을 예殹+술 주酒다. 상처를 술로 치료한다는 뜻

이 아닐까 싶다.

### 깃발 언㫃

여행 또는 나그네를 뜻하는 려旅는 깃발 언㫃+사람 인人 변이다. 즉 깃발을 든 사람이란 뜻이다. 예나 지금이나 여행할 때는 깃발 든 사람을 쫓아다녔다는 얘기인가? 돌 선旋은 깃발 주위를 돈다는 뜻이다. 겨레 족族은 깃발 언㫃+화살 시矢다. 전쟁에 대비해 깃발과 화살을 모으는 무리란 말이다.

# 무사안일

## 없을 무無, 일 사事, 편안할 안安, 편안할 일逸

  뭔가 일이 있는 게 좋은가, 아니면 일이 없는 게 좋은가? 편안한 게 좋은가, 아니면 불편한 게 좋은가? 무사안일無事安逸은 일이 없어 편안하다는 의미다. 참 좋은 의미다. 그런데 무사안일은 좋은 의미로 쓰이지 않는다. 그렇게 살면 안 된다는 말로 자주 쓰인다. 무사안일하게 살지 말아라, 무사안일주의에 빠지지 말아라 등.

  왜 그럴까? 그럼 유사불편有事不便을 택하라는 말일까? 그건 아닐 것이다. 무사하고 일이 없는 건 단기적으로는 괜찮지만 그런 시간이 오래가면 안일해지니 그걸 조심하라는 말이다. 어떻게 하면 될까? 스스로 위기의식을 불러일으킬 수 있어야 한다. 일이 닥친 후 허겁지겁 당황해하는 대신 미리미리 비 오는 날을 대비해 준비하고 있어야 한다는 말이다. 무사안일의 반대는 유비무환有備無患이 아닐까? 미리 준비하면 환란이 없다는 말이다.

한자는 어떻게 공부의 무기가 되는가

# 문과 무

## 빛날 빈斌

강의할 때 한자 질문을 자주 한다. 칠판에 斌을 써놓고 이 글자의 발음과 뜻을 아느냐는 질문을 던진다. 정답은 '빛날 빈'이다. 정답을 맞힐 확률은 반반이다. 사실 상관없다. 맞춰도 좋고 못 맞춰도 괜찮다. 사람들의 집중력을 끌어내는 방법일 뿐이다. 아는 경우는 어떻게 아는지 물어본다. 많은 경우 사람 이름 때문에 안다고 한다. 어찌 됐건 빛날 빈斌에 대해 설명한다.

"한자는 태생적으로 표의문자입니다. 무언가 의미를 전달하려고 의도적으로 만든 것이에요. 번쩍번쩍 광채가 나는 사람은 어떤 사람일까 그걸 표현하고 싶었고 그래서 만든 글자가 바로 빛날 빈일 거예요. 문文과 무武를 합한 말입니다. 왜 둘을 합했을까요? 문만 있거나 무만 있는 것보다 둘이 어우러져 있을 때 빛이 난다고 생각한 건 아닐까요? 공부는 안 하고 매일 운동만 하는 사람도, 운동은 안 하고 창백한 얼굴로 매일 책상에만 앉아 있는 사람도 아니라는 겁니다. 공부도 하면서 운동도 하는 균형 잡힌 사람을 빛이 나는 것으로 생각했겠죠.

전 세계에서 문과와 이과를 구분하는 나라는 우리와 일본뿐입니다. 저는 이런 식으로 사람을 구분하는 것에 강한 거부감을 느낍니다. 어떻게 사람을 문과와 이과로 구분할 수 있을까요? 사람 안에 이과적 측면과 문과적 측면이 섞여 있는데 나누는 것이 무슨 의미가 있을까요? 둘을 구분하면 사람들은 자기도 모르게 스스로를 제한하지 않을까요? 문과 쪽 사람들은 아예 기술과는 담을 쌓으려 하거나 알려고 하지 않고 이과 쪽 사람들은 기술에만 관심이 있을 뿐 인문학은 자기 일이 아니라고 생각합니다. 누구에게도 도움이 안 되는 일입니다."

이어 시진핑이 나온 칭화대의 교훈에 관한 질문을 한다. 중국에서 가장 좋은 학교인 칭화대의 지향점이 무엇인지 묻는다. 아직 한 번도 맞춘 사람을 본 적이 없다. 모 그룹 경력사원 교육 때 칭화대 출신을 몇 번 만난 적이 있었다. 그런데 그들 역시 잘 몰랐다. 내가 알고 있는 칭화대의 방향성은 세 가지다. 문리삼투文理渗透, 중서융합中西融合, 고금소통古今疏通이다. 문리삼투는 문과 쪽과 이과 쪽이 서로 섞여야 한다는 말이다. 중서융합은 중국 것과 서양 것이 융합해야 한다는 것이다. 고금소통은 옛것과 지금 것이 서로 소통해야 한다는 것이다. 참 잘 만든 방향성이다. 균형 잡힌 사고방식이란 생각이 들었다. 이걸 듣는 순간 자기 것만 고집하는 촌사람, 자신은 문과라 기술은 몰라도 된다고 생각하는 사람, 미국 유학을 다녀왔다고 매일 미국 찬양만 하는 사람의 얼굴이 스쳐 지나갔다.

내가 한자를 좋아하는 이유는 한 단어로 많은 얘기를 하기 때문이다. 너절하게 얘기하는 대신 무슨 얘기인지를 머릿속에 콱 각인한다. 빛날 빈斌이 대표적이다. 이 단어를 알고 난 이후에 나도 모르게 이게 내 삶의 지향점 중 하나가 됐다. 공대를 나왔지만 기술 외의 것에 관심을 가지려고 노력하게 됐다.

# 민첩
빠를 민敏, 이길 첩捷

    예전에는 큰 조직이 작은 조직을 이겼는데 요즘은 빠른 조직이 느린 조직을 이긴다. 그만큼 기술의 변화, 시장의 변화가 빠르기 때문이다. 그래서 애자일agile 조직에 관한 얘기가 차고 넘친다. 애자일은 우리말로 민첩으로 번역한다. 시장의 변화에 잽싸게 반응한다는 의미다. 그런데 민첩이란 말이 흥미롭다. 빠를 민敏, 이길 첩捷이다. 단어 안에 이미 빨라야 이긴다는 의미가 들어 있다.

# 바쁘다

## 빠쁠 망忙

바쁜 것의 폭력성tyranny of the urgency이라는 영어 표현이 있다. 바쁜 것의 해악 정도로 해석할 수 있겠다. 하루하루는 바쁘게 정신없이 살았다. 그런데 연말에 뒤돌아보니 한 일이 별로 없을 때가 있다. 대단한 일을 한 것도 아니고 돈을 많이 번 것도 아니고 다른 사람을 위해 애를 쓴 것도 아니다. 나도 이런 경험이 많다. 그럴 때를 가리키는 말이다. 바쁜 것보다는 소중한 일을 해야 한다는 뻔한 교훈. 누구나 알고 있지만 의외로 바쁜 것에 휘말려 정신없이 사는 사람들이 많다. 왜 그럴까? 왜 그들은 정신없이 사는 것일까?

바쁜 것을 유능한 것으로 생각하는데 난 긍정적으로 생각하지 않는다. 바쁠 망忙이란 한자가 그걸 가르쳐준다. 파자하면 마음 심心+죽을 망亡이니까 한마디로 정신줄을 놓았다는 의미다. 주변에 바쁜 사람들을 살펴보라. 그들에게는 급작스러운 일이 많다. 감기에도 잘 걸리고 차 고장도 잦고 가정에도 무슨 일이 자주 벌어진다. 평소에 해야 할 일을 하지 않아 생긴 일들이다. 건강에 신경을 쓰지 않으니 자꾸 아프다. 정비할 시간 없이 차를 몰고 다니니 갑자기 길에서 서는 일이 생긴다. 주변 사람과의 관계에 정성을 쏟지 않다 보니 뜻하지 않은 일이 많이 생긴다.

바쁜 것과 부지런한 것은 비슷한 것 같지만 완전히 다르다. 거의 반대의 개념이다. 새벽부터 농사짓는 농부들은 바빠 보이지 않는다. 시간에 쫓기지 않는다. 절대 게으른 사람들이 아니다. 그들은 해야 할 일을 피하지도 않고 모른 체하지도 않는다. 내가 생각하는 바쁜 건 게으른 것이다. 게으른 결과로 급한 일이 많이 생기는 것이다. 미리미리 해야 할 일을 하지 않았기 때문에 자꾸 사건 사고가 터지는 것이다. 그럼 어떻게 해야 할까?

첫째, 바쁜 것에 대한 나름의 재정의를 내려야 한다. 바쁜 것은 유능함이 아니라 게으름에서 온다는 사실을 깨달아야 한다. 바쁜 게 중요한 게 아니다. 왜 바쁘고 그 일이 가치 있는 일인지를 따져 봐야 한다.

둘째, 자주 달력을 들여다봐야 한다. 달력을 보면서 가장 많이 하는 말이 있다. "아니, 벌써 1년의 반이 지났네" "아니, 벌써 한 해가 다 지나갔네"와 같은 말이다. 그 말을 뒤집어보면 "아직 제대로 목표 달성도 못 했고 하고자 했던 일은 시작도 못 했는데 어쩌지?"와 같은 후회와 자성의 말이다. 달력을 들여다본다는 건 연초에 생각했던 소중한 목표를 다시 한번 되새기라는 말이다.

셋째, 시간 관리를 넘어 인생 관리로 가야 한다. 내가 생각하는 최악의 시간 관리는 빽빽함이다. 틈이 전혀 없다. 스케줄 하나가 밀리거나 차질이 생기면 뒤에까지 다 영향을 주면서 모든 일정이 무너지는 것이다. 시간 관리는 인생 관리를 위한 수단이다. 단기적으로 매몰되지 말고 주기적으로 매크로macro하게 삶을 보아야 한다.

몹시 바쁜가? 하루하루 정신없이 살고 있는가? 그래서 삶이 좀 펴졌는가? 그렇지 않다면 뭔가 변화를 줄 때가 온 것이다.

# 발
## 발 족足

돼지족발이란 말을 들을 때마다 의아한 생각이 들었다. 족足은 발의 한자다. 그런데 왜 족발이라고 겹쳐서 쓸까? 역전앞처럼 이 런 식의 표현을 찾아볼 수 있다. 아마도 한자만으로는 무언가 부족 해서 우리말을 덧붙인 것으로 추측한다. 아무튼 나이가 들수록 발 과 다리의 중요성을 절감한다. 다른 모든 걸 가져도 제대로 걷지 못한다면 불행한 일이기 때문이다. 우리가 평소에 의식하지 못하 지만 발과 다리에 늘 감사해야 한다. 발과 다리에 문제가 생기면 이동의 자유를 잃기 때문이다.

발 족足은 무릎에서 발까지의 모양이다. 손과 발을 합해 수족手 足이라 부른다. 수족 같은 존재라고 하면 꼭 필요한 존재란 의미 다. 만족스러울 때도 발 족足을 쓴다. 풍족豊足, 만족滿足, 부족不 足이 그것이다. 왜 그럴까? 발 덕분에 원하는 곳까지 갈 수 있어서 그럴까? 아직 그럴듯한 이유를 찾지 못했다. 발 족足은 홀로 쓰이 기보다는 왼쪽의 변으로 많이 사용된다. 이때는 도로道路의 길 로 路처럼 약간 변형이 된다. 참고로 로路는 발 족足+각 각各이다.

한자는 어떻게 공부의 무기가 되는가

각자의 발로 걷는 길이란 의미다.


## 발과 관련한 단어

### 실천實踐

열매 실實, 밟을 천踐이다. 천踐을 파자하면 발 족足+해칠 잔戔이다. 발로 밟아가면서 예정대로 이행한다는 뜻이다. 실천은 말이 아니라 발로 하는 것이다.


### 답사踏査

밟을 답踏은 발 족足+논 답畓이다. 발로 밟아가면서 직접 조사한다는 뜻이다.


### 도약跳躍

도약을 위해서도 발이 필요하다. 뛸 도跳는 발 족足+조짐 조兆다. 조짐이 좋아 발로 뛰어오른다는 뜻이다. 뛸 약躍은 발 족足+꿩 적翟이다. 꿩처럼 날아오르다로 해석하기도 하고 무당이 꿩깃을 들고 춤을 출 때 뛰어오른다는 뜻으로 해석하기도 한다.

## 발과 관련한 부정적인 단어

### 파행跛行

발과 관련해 부정적인 말이 제법 있다. 파행도 그렇다. 파행을 겪는다고 하면 뭔가 일이 제대로 되지 않는 걸 의미한다. 파跛는 절름발이를 의미한다. 한쪽 발을 가죽으로 묶어 걸음걸이가 파도 같다는 뜻이다. 절룩거리며 걸으니 당연히 진도가 느리다.

### 유린蹂躪

국토가 적에게 유린됐다고 할 때의 유린은 짓밟혔다는 의미다. 짓밟을 유蹂는 발 족足+부드러울 유柔다. 굳은 물체를 발로 짓밟아 부드럽게 만든다는 뜻이다. 짓밟을 린躪은 발 족+골풀 린藺이다. 골풀은 창포와 비슷한 식물이다. 풀을 발로 짓밟는 걸 의미한다.

### 주저躊躇

망설인다는 것도 발과 관련이 있다. 머뭇거릴 주躊는 발 족足+목숨 수壽다. 목숨이 걸린 일에 발길이 떨어지지 않아 머뭇거리는 모양이다. 머뭇거릴 저躇는 발 족足+드러낼 저著다. 자신을 드러내는 발걸음을 해야 할지 머뭇거린다는 뜻이다.

### 차질蹉跌

차질을 빚는 것도 발과 관련이 있다. 미끄러질 차蹉는 발 족足

+어긋날 차差다. 발길이 엇갈려서 넘어지는 것이다. 거꾸러질 질跌은 발 족足+잃을 실失이다. 실수로 발을 잘못 디뎌 넘어지는 것이다.


## 발에서 파생한 글자

### 달릴 주走

클 대大+발 족足이다. 사람이 팔을 흔들며 달리는 모습이다. 주행走行, 도주逃走에 쓰인다. 달릴 주走에 갈 척彳을 붙이면 무리 도徒가 된다. 걷고 뛰는 무리란 뜻이다. 폭도暴徒, 화랑도花郎徒에 쓰인다. 달릴 주走에 몸 기己를 붙이면 일어날 기起가 된다. 달리기 위해 몸을 일으키는 것이다. 기상起床, 기복起伏, 기원起源에 쓰인다.


### 발 소疋

발 족足의 간략형이다. 종아리 아랫부분을 나타낸다. 고초를 겪는다고 할 때의 고초苦楚는 매울 고苦에 가시나무 초楚다. 초楚는 수풀 림林+발 소疋다. 발을 찌르는 가시나무인데 회초리를 뜻한다. 의심疑心이란 말에도 발 소疋가 들어 있다. 의심할 의疑는 복잡해 보이는데 뜯어보면 흥미롭다. 비수 할 때의 비匕+화살 시矢+창 모矛+발 소疋다. 술을 마시고 있는데 병풍 뒤에 칼과 화살을 든 사람의 발이 보이니 의심이 간다는 뜻이다.

발 소疋의 압권은 소통疏通이다. 소통이란 말은 아주 흔하게 쓰이지만 그 말의 정확한 뜻이나 어원에 대해서는 잘 모른다. 소통할 소疏는 발 소疋+흐를 류㐬다. 임산부의 양수가 터져 아이의 발이 보인다는 뜻이다. 산고를 겪다 드디어 아이 모습이 보인다는 것은 문이 열려서 틈이 벌어져 공기가 통한다는 뜻이 아닐까? 아이가 나오는 모습과 소통을 연관 지은 옛사람들의 생각이 흥미롭다.

# 발췌
## 뽑을 발拔, 모을 췌萃

모은 후 뽑는 게 아니라 먼저 뽑고 다음에 모은다는 말이다. 발췌拔萃의 영어는 엑스트랙트extract인데 모은다는 의미는 없고 뽑는다는 의미만 있다. 그런데 뭘 뽑고 뭘 뽑지 말아야 할까? 핵심, 즉 엑기스가 되는 것만 뽑고 나머지는 버릴 수 있어야 한다.

그런데 그게 보통 일이 아니다. 20년 이상 책 소개를 직업으로 삼아온 나는 무의식적으로 발췌를 한다. 어떤 걸 뽑아야 하는지를 가장 신경 쓴다. 나머지는 대충 본다. 뽑은 걸 모으고 이를 순서대로 정렬하고 다듬어 요약을 한다. 그래서 난 이 말이 특별히 좋다.

# 밥, 죽, 미음

## 죽 죽粥

외식 창업 컨설팅 회사에서 일하던 어떤 이가 이상하게 죽 음식점이 없다는 사실을 발견했다. 새로운 시장을 발견한 것이다. 그래서 고객들에게 죽 음식점을 해보라고 권유했는데 아무도 듣는 이가 없었다. 답답했던 그는 아예 회사를 나와 죽을 만들어 파는 회사를 차렸다. 그게 오늘날 본죽이다. 본죽 김철호 회장에게 들은 얘기다.

세상은 크게 쌀농사를 짓는 나라와 밀농사를 짓는 나라로 구분된다. 어떤 농사를 짓고 어떤 음식을 먹는가는 문화에 많은 영향을 끼쳤다. 요약해서 말하면 밀농사를 짓는 나라보다는 쌀농사를 짓는 나라 사람들이 훨씬 더 부지런하다는 것이다. 밀과 비교해 쌀은 손이 많이 간다. 밀은 씨를 뿌리면 끝난다. 하지만 벼는 모판에 심은 벼를 땅에 옮겨 심고 피사리도 하고 농약도 치며 보살펴야 한다. 당연히 부지런하지 않으면 쌀농사를 지을 수 없다. 그래서 "벼는 농부의 발걸음 소리를 듣고 자란다"란 말이 있다.

우리는 오랫동안 쌀을 주식으로 삼았다. 당연히 쌀과 관련한 음식이 발달했다. 그중 대표는 밥이다. 물기가 적으면 된밥이고 물기가 많으면 진밥이다. 치아가 좋지 않은 노인은 진밥을 좋아하고 젊은이들은 된밥을 좋아한다. 다음은 죽이다. 죽이 한자란 사실을 알고 있는가? 죽粥은 양쪽에 활 궁弓이 있고 가운데 쌀 미米가 있다. 쌀을 활처럼 길게 늘여 만든 음식이란 뜻이다. 왜 죽을 만들었을까? 쌀은 적고 먹을 입은 많으니 물을 많이 넣고 푹 끓여 양을 늘린 게 죽이 아닐까? 지금의 죽은 특식이지만 예전의 죽은 보릿고개를 넘기기 위한 처절한 생존 수단이었다.

죽보다 덜 걸쭉한 음식으로 미음米飮이 있다. 미음 하면 환자가 연상된다. 아파서 입이 쓸 때 억지로라도 먹는 게 미음이다. 죽은 별식으로 먹지만 미음은 아플 때만 먹는다. 미음은 쌀 미米에 마실 음飮이다. 쌀로 만든 음료수란 의미다. 아픈 사람이 먹긴 먹어야 할 때 쌀을 물처럼 해서 만든 음식이 미음이다.

사실 죽이나 미음 같은 단어는 거의 우리말이나 다름없다. 출발은 한자였지만 오랜 세월 사용하면서 완전히 우리말이 됐다. 하지만 어원을 알면 느낌이 다르다. 알고 사용하는 것과 모르고 사용하는 건 다르다.

# 벼

## 벼 화禾

사람들에게 먹을 것의 대명사는 벼였다. 벼를 뜻하는 벼 화禾는 이삭이 고개를 숙인 형상이다. 아래는 뿌리를 나타낸다.

### 벼 도稻

벼 화禾+퍼낼 요舀다. 절구 안 곡물을 손으로 퍼내는 형상이다. 도열병稻熱病, 입도선매立稻先賣에 쓰인다.

### 씨 종種

벼 화禾+무거울 중重이다. 볍씨를 물에 넣어 뜨지 않고 가라앉는 것을 씨앗으로 사용한 데서 만든 글자다. 종자種子에 쓰인다.

### 옮길 이移

이사移徙 할 때의 옮길 이移는 벼 화禾+많을 다多이다. 벼가 많아지면 옮겨 심어야 하기 때문이다. 이미 이때 이앙법移秧法이 개발된 게 아닐까?

### 세금 세稅

벼 화禾+기쁠 태兌다. 옛날 농부들이 많은 곡식을 수확한 기쁨을 신에게 바친다는 것에서 유래했다. 옛날에는 세금稅金을 벼로 낸 것 같다.

### 화합할 화和

벼 화禾+입 구口다. 벼를 경작해 함께 먹으니 화목和睦하다는 뜻이다. 쌀을 함께 먹는 공동체의 의미다.

### 차례 질秩

벼 화禾+잃을 실失이다. 차례로 질서秩序 있게 볏단을 쌓지 않으면 유실되기 때문이다. 질서를 지켜야 하는 이유다.

### 찰 늠凜

늠凜은 곳간을 채운 자의 차가운 태도란 뜻이다. 가을 농사를 지은 후 창고를 벼로 가득 채운 후 뿌듯해하는 사람의 모습을 그릴 수 있다. 늠름凜凜에 쓰인다.

### 지낼 역歷

언덕에 벼를 쌓아놓고 겨울을 지낸다는 뜻이다. 역사歷史에 쓰인다.

# 병
병들 녁疒

　인생은 생로병사의 연속이다. 특히 나이가 들면 누구나 병이 들게 마련이다. 옛사람들은 병을 어떻게 생각했을까? 병과 관련한 한자에는 병들 녁疒이 빠지지 않고 등장한다. 아픈 사람이 침대에 누워 있는 모습이다.

　우선 질병疾病이란 글자를 보자. 둘 다 병이란 뜻이며 병들 녁疒이 들어 있는데 차이가 있다. 질疾 안에는 화살 시矢가 있다. 화살처럼 빨리 진행되는 아픔이 질이다. 치질痔疾, 괴질怪疾 등이 여기에 해당한다. 병病은 안에 불 병丙이 있다. 몸에 열이 있는 모습이다. 병과 관련한 또 다른 한자로 돌림병 역疫이 있다. 홍역紅疫이 대표적이다. 병과 관련된 한자를 더 살펴보자.

　피곤疲困
　지칠 피疲에 곤란할 곤困이 결합한 단어다. 상자 안에 갇혀 있으니 곤란하고 그래서 피곤하다는 뜻이다. 당신은 언제 가장 피곤한가? 난 움직일 때보다는 차 안에 갇혀 있을 때 피곤하다. 피곤하면 얼굴 피부가 푸석해지면서 피곤이 드러난다. 그래서 병들 녁疒 안에 가죽 피皮가 들어 있는 게 아닐까? 물론 나만의 생각이고 추측이다.

### 치질痔疾

치질 치痔는 병들 녁疒 안에 절 사寺가 들어 있다. 왜 절일까? 절에 오래 앉아 있는 사람이 걸리는 병이기 때문이 아닐까? 그게 아니라 해도 그렇게 생각하면 외우기가 쉽다.

### 간질癎疾

요즘은 보기 어렵지만 예전에는 간질을 앓던 친구들이 있었다. 갑자기 발작하는데 어느 순간 괜찮아진다. 난 그게 신기했다. 간질 간癎은 병들 녁疒+사이 간間이다. 일정한 간격을 두고 경련이 일어나는 걸 보고 만든 글자란 생각이다.

### 수척瘦瘠

두 글자 모두 여위다는 뜻이다. 여윌 척瘠은 병들 녁疒 안에 척추의 척脊이 들어 있다. 등뼈 모양이 보일 정도로 마른 것을 말한다.

### 치매痴呆

두 글자 모두 어리석다는 뜻이다. 어리석을 치痴는 병들 녁疒 안에 알 지知가 들어 있다. 아는 것이 고장이 났다는 것이다. 당연히 알아야 할 걸 치매 환자가 모르는 것을 보고 만든 글자 같다.

## 각기병脚氣病

각기병은 비타민이 부족해 걸리는 병인데 다리 각脚과 공기 기氣로 구성된 단어다. 다리에 공기가 들어간 병이다. 즉 다리가 붓는 병이라는 걸 연상할 수 있다. 세종도 이 병을 앓았다는 기록이 있다. 관찰 결과를 병명으로 쓴 것 같다.

## 혈우병血友病

혈우병은 피가 그치지 않는 증세를 보이는데 영어는 헤모필리아hemophilia다. 영어의 어원은 피를 뜻하는 헤모hemo와 좋아한다는 뜻의 필리아philia가 결합한 말이다. 이를 한자로 혈우병으로 번역한 듯하다. 일명 피를 사랑하는 병이다. 원인 중 하나가 근친간 결혼으로 알려져 있다.

## 천연두天然痘

지금은 거의 사라진 병인데 영어로는 스몰팍스smallpox다. 천연두를 뜻하는 두痘는 병들 녁疒+콩 두豆다. 얼굴에 콩 같은 발진이 생기는데 내버려두면 곰보가 되는 걸 관찰해 만든 것 같다.

## 암癌

병들 녁疒, 입 구口 세 개, 뫼 산山으로 구성된다. 입 세 개를 갖고 산처럼 먹는다는 의미가 아닐까? 그렇게 먹으면 당연히 병이 생기는 것이다. 영어로는 캔서cancer인데 옆으로 기어가는 게를 뜻한다고 한다. 게처럼 옆으로 급속히 퍼지는 암의 행태를 표현한 것 같다.

### 나병癩病

문둥병을 나병이라고도 부른다. 나환자 나癩는 병들 녁疒+의지할 뢰賴다. 문둥병에 걸리면 일상생활을 할 수 없어 다른 사람에게 의지해야만 하는 걸 표현한 것 같다. 이 역시 아무런 근거가 없다. 혼자만의 생각이다.

그런데 의사의 원조는 누굴까? 무당이란 설이 유력하다. 무당 무巫란 한자를 보면 어느 정도 이해할 수 있다. 하늘과 땅을 연결하는 인간이라는 의미가 있다. 의술이 나타난 것은 춘추시대 말기의 일이다. 황제黃帝의 의술을 전했다고 하는 편작扁鵲의 시대는 거의 히포크라테스Hippocrates의 시대에 해당한다. 동서양 모두 비슷한 시기에 의술이 시작됐다.

# 보는 것
## 볼 견見

　인간의 오감 중 가장 혹사를 당하는 곳이 어디일까? 단연코 눈과 귀가 아닐까? 스마트폰이 보급되면서 사람들은 거의 24시간 무언가를 보고 듣는다. 무언가를 보고 듣는 데 가장 많은 시간과 에너지를 쓰는 것 같다. 이게 비단 현재만의 일은 아닌 듯싶다. 보는 것에 관한 한자가 많다. 보는 걸 그냥 뭉뚱그리지 않고 세밀하게 구분했다. 각각 어떤 차이가 있는지 살펴보자.

### 볼 견見
　보는 것과 관련해 가장 흔히 쓰이는 한자다. 사람 인人+눈 목目이다. 보이는 대로 보는 것이다. 견학과 견문에 쓰인다. 견학見學은 심각하지 않고 그저 가볍게 보고 배우는 것이다. 견문見聞은 보고 듣는 것이다.

### 볼 간看
　견見보다는 꼼꼼하지만 역시 대충 보는 것이다. 눈 목目+손 수

手다. 눈에 손을 얹고 대충 보는 것, 수박 겉핥기다. 달리는 말에서 산을 본다는 주마간산走馬看山이 연상된다. 뭔가를 간주看做한 다고 할 때도 쓰인다.

### 살필 성省

꼼꼼히 살피는 것이다. 적을 소少＋눈 목目이다. 적은 것까지 꼼 꼼히 살피라는 말이다. 눈을 가늘게 뜨고 살피는 것이 아닐까 추측 한다.

### 볼 시視

보일 시示＋볼 견見이다. 시示는 제사상 혹은 신을 뜻하기도 한 다. 신과 인간이 같이 보는 것이다. 하나를 집중해서 보는 것이다. 시찰視察, 시청視聽, 주시注視, 응시凝視 등에 쓰인다.

### 볼 관觀

황새 관雚＋볼 견見이다. 키 큰 황새가 보는 것을 뜻한다. 주의 깊게 보는 것이다. 피상적으로 보지 않고 이면을 살피는 것이다. 관찰觀察, 관점觀點 등에 쓰인다.

### 볼 첨瞻

아래에서 위를 보는 것이다. 고대 천문을 관측하던 첨성대瞻星 臺가 대표적이다.

### 굽어볼 감瞰

위에서 아래를 내려다보는 것이다. 조감鳥瞰은 높은 곳에서 아래를 보는 것이다.

### 볼 감監

신하 신臣+그릇 명皿이다. 여기서 신臣은 옆으로 뜬 눈을 형상한 것이다. 물이 담긴 그릇을 들여다본다는 말이다. 보다, 살피다, 경계하다, 거울삼다, 비추어보다는 뜻이 있다. 감독監督에 쓰인다.

### 살필 찰察

집 면宀+제사 제祭다. 제祭는 제단에서 고기를 손에 들고 올리는 모습이다. 살핀다는 것은 제사상에 빠진 것은 없는지 배치는 제대로 됐는지를 꼼꼼히 보는 것이다. 관찰觀察에 쓰인다.

덧붙여 보일 시示와 연계된 단어 중 고요할 선禪이 있다. 파자하면 보일 시示+홑 단單이다. 사물이나 풍경을 복잡하게 생각하지 않고 간단명료하게 보라는 말이 아닐까? 복잡한 생각 대신 심플하게 생각하는 것이 선일 것이다.

또 어긋날 간艮이란 단어도 있다. 보긴 보지만 그냥 보는 게 아니라 머리를 돌려 노려보는 모습이다. 그래서인지 간艮 자가 들어간 한자는 대부분 부정적이다. 한할 한限, 어려울 간艱, 원망할 한恨, 다툴 흔很 등이 있다.

마지막으로 신태균 삼성인력개발원 전 부원장의 의견을 소개한다. "사물을 바라보는 데는 네 가지 눈이 있다. '시력, 시야, 시각, 시선'이 그것이다. 시력은 자세히 보는 눈이다. 시야는 폭넓게 보는 눈이다. 시각은 다르게 보는 눈이다. 시선은 올바로 보는 눈이다. 그게 리더가 갖춰야 할 네 가지 눈이다." 대단한 통찰력이란 생각이다. 모두 집중해서 무언가를 바라볼 때 필요한 것들이다.

그런데 눈을 너무 믿으면 안 된다. 보이는 게 다가 아니기 때문이다. 보는 것의 압권은 밝을 명明이란 생각이다. 태양과 달의 결합이다. 참 지혜는 어두운 면과 밝은 면을 동시에 볼 수 있어야 한다는 뜻이 아닐까?

# 불우

## 만날 우遇

　불우不遇는 아닐 불不에 만날 우遇다. 만나지 못했다는 뜻이다. 제대로 된 기회나 사람을 만나지 못한 것이 불우다. 기복염거驥服鹽車란 사자성어가 있다. 명마가 소금 마차를 끌고 있다는 말이다. 천하의 명마 천리마의 얘기다. 소금 마차를 끌고 있던 천리마를 백락이 알아보고 멍에를 벗겨주자 천리마가 아주 높은 소리로 울었다. 그 소리가 태항산 골짜기에 퍼졌다는 것이다. 천리마가 제대로 된 주인을 만나지 못해 소금 마차를 끌다 제대로 된 주인을 만나 명마로 거듭 태어난 것이다.

　주변에 불우 이웃이 제법 있다. 재주를 품었지만 뭔가 풀리지 않아 세월만 보내는 사람들이다. 그런데 불우의 상황에는 본인 잘못도 있다고 생각한다. 기회가 왔지만 그냥 지나쳐 버렸거나 좋은 기회를 살리지 못했거나.

한자는 어떻게 공부의 무기가 되는가

# 사돈
## 조사할 사査

난 결혼 후 10년쯤 지나 아내에게서 이상한 얘기를 들었다. 장모님이 내가 사는 동네에 와서 등기부등본을 떼어 봤다는 것이다. 내가 사는 집이 자기 집인지 전세인지 확인하기 위해서 그랬단다. 절대 그런 일을 할 분이 아니라 너무 의아했다. 나중에 알아보니 시댁 쪽에 어려운 사람들이 많아서 장모님이 도와주느라 너무 힘들었기 때문이다. 적어도 자기 집을 갖고 있으면 좀 나을지 싶어 확인 차 그랬던 것이다.

사돈査頓의 한자는 조사할 사査에 조아릴 돈頓이다. 이걸 확인한 순간 느낌이 팍 왔다. 아, 사돈이란 결혼 전에는 철저하게 조사해야 하는 것이구나. 집은 어떻고 가족 중 이상한 사람은 없는지 등. 하지만 일단 결혼 후에는 잘 봐달라고 머리를 조아려야 하는구나. 물론 이것 역시 진실과는 거리가 있을 수 있는 나만의 억지 해석이다. 하지만 나 혼자 이렇게 해석하고 흐뭇했다. 기막히게 잘 만든 말이 아닌가.

# 사람
## 사람 인人

최근 동생 부부와 식사를 하는데 동생이 옛날얘기를 했다. "형이 늘 앉아서 이거 사 와라, 저거 해라 시키는 바람에 난 어릴 적에 심부름한 기억밖에 없어." 가해자인 난 기억이 없는데 피해자인 동생은 아직도 기억하고 있었다. 이 얘길 듣고 문득 형兄이란 한자가 연상됐다. 형兄은 입 구口와 사람 인人이 합쳐진 글자다. 즉 입을 쓰는 사람이다. 입으로 지도하는 사람이 형이다. 예나 지금이나 형이란 존재는 늘 동생을 부려먹었다는 것이다.

사람 인人 변이 쓰인 한자를 몇 가지를 소개한다. 아동兒童의 아이 아兒는 사람 인人+절구 구曰다. 절구처럼 머리가 큰 사람이란 말이다. 아기들은 유난히 머리가 큰 걸 묘사한 것이다. 극복克復의 이길 극克은 사람 인人+오랠 고古다. 극복이란 오래 참는다는 걸 표현한 것 같다. 신선神仙의 선仙을 보면 사람 인人+뫼 산山이다. 사람이 산에 오르면 신선이 된다는 것이다. 이와 대조적인건 속물俗物의 풍속 속俗이다. 사람이 계곡 아래로 내려오면 속이 된다는 것이다.

# 새

## 새 추佳

 

나는 자주 한강변을 산책하는데 나무에 모여 있던 참새 수십 마리가 사람이 지나가면 떼를 지어 다른 곳으로 날아가는 장면을 종종 본다. 문득 집합集合의 모일 집集이란 한자가 연상된다. 파자하면 나무 목木+새 추佳다. 나무 위에 참새들이 잔뜩 모여 있는 모습이다. 새 추佳는 새의 모양을 형상화한 것이다. 대체로 새의 속성을 나타낸다. 그에 비해 새 조鳥는 새의 종류를 나타낸다.

### 참새 작雀

작을 소少+새 추佳다. 작은 새인 참새를 나타낸다. 작설차雀舌茶라는 게 있다. 난 처음 이 차의 이름을 들었을 때 작살로 잘못 들어 찻잎을 잘게 부순 걸로 이해했다. 그게 아니었다. 작설은 참새 작雀에 혀 설舌이다. 찻잎이 참새 혀와 닮았다는 뜻인 것 같다.

### 쌍 쌍雙

쌍쌍 파티의 그 쌍이다. 새 한 쌍 수雔+오른손 우又다. 새 두 마리를 한 손에 잡은 형상이다. 여기서 유래한 말이 불쌍不雙이다. 짝이 없는 게 불쌍이다. 하지만 늘 그런 건 아닌 것 같다. 때론 같이 있고 싶지 않은 사람과 짝을 지어 사는 게 불행일 수 있다.

### 품 팔 고雇

고용雇用 할 때의 그 고다. 품을 판다는 뜻인데 집 호戶+새 추佳다. 집 안에 있는 새처럼 남의 집에서 머슴 노릇을 한다는 뜻이다. 예나 지금이나 누군가의 밑에서 품을 판다는 건 서글픈 일이다. 자유가 없기 때문이다.

### 떠날 리離

떠날 리离+새 추佳다. 철이 되면 떠나는 철새처럼 헤어지는 것이 이별離別이다.

### 어려울 난難

진흙 근堇+새 추佳다. 진흙에 빠진 새처럼 힘든 상황에 부닥친 것을 난처難處하다고 말한다.

### 어릴 치稚

벼 화禾+새 추佳다. 새의 꽁지만큼 자란 어린 벼란 뜻이다. 유치幼稚하다에 쓰인다.

덧붙여 김점식의 저서 『한자, 우리의 문자』에 재미난 대목이 있어 추려서 소개한다. "추진推進은 밀 추推와 나아갈 진進인데 두 글자 모두 새 추가 들어 있다. 새와 추진 사이에 어떤 상관관계가 있을까? 새점에서 유래했다는 설이 유력하다. 새점의 결과를 보고 할지 말지를 결정하는 것이다. 전쟁에서 새점을 쳐 신의 뜻에 따라 진군 결정을 내리는 것이다.

새점은 새의 울음소리를 듣거나 깃털 모양이나 색을 살펴 점을 치는 방법이다. 추측推測도 비슷하다. 새점을 통해 신의 뜻을 미루어 짐작하는 것이다. 얻을 획獲은 새점을 치기 위해 새를 잡는 모습이다. 풀 속에 있는 새를 손과 사냥개를 통해 잡는다는 의미다. 수확收穫하다 할 때의 벼 벨 확穫은 새를 잡아 새장에 가둔 모습이다. 확실確實하다 할 때의 확은 새가 도망가지 않도록 돌을 얹은 모습이다."

새와 관련한 한자를 보면서 어떤 생각이 들었는가? 지금과 달리 예전에는 새가 생활에 밀접했던 것 같다. 새가 모이는 걸 보고 모일 집集을 구상했고 작은 찻잎을 보면서 작설차란 이름을 지었다. 진흙에 빠진 새를 보고 곤란할 난難을, 철새가 떠나는 걸 보고 이별할 리離를 그려냈다. 새로 점을 쳤다는 것도 흥미롭다. 추진과 새의 관계는 생각해본 적도 없다. 무엇보다 고용 할 때의 고雇가 집 안에 있는 새란 것에서 새로운 깨달음이 왔다.

혹시 한 번이라도 새를 손에 잡아본 적이 있는가? 난 몇 번 참새를 손으로 잡아본 적이 있다. 뭔가 낯설지만 부서질 것 같아 조심

ㅅ

하면서 만져봤다. 그때의 작고 따스한 기분이 생생하다.

# 설교
## 말씀 설說

말씀 설說을 파자하면 말씀 언言+바꿀 태兌다. 바꾸기 위해 하는 말이 설교說教인 것이다. 목사님 설교, 교장 선생님 설교 둘 다 모든 이에게 도움이 되는 말이다. 뭔가 변화를 주기 위해 하는 말이다. 태兌에는 기쁘다는 뜻도 있으니까 '그를 바꾸기 위해 그가 기뻐하는 말을 한다'란 뜻으로도 해석할 수 있다. 하지만 대부분 설교는 즐겁지 않다. 말하는 사람만 즐거운 것 같고 듣는 사람은 괴로운 경우가 많다.

"설교하고 있네"란 말은 긍정적 의미보다는 부정적 의미로 쓰인다. 이 세상에 설교를 좋아하는 사람은 없다. 왜 벌써 설교가 끝나냐며 아쉬워하는 사람도 없다. 만약 사람들이 즐거워하는 설교를 할 수 있다면 어떤 일이 벌어질까? 어떻게 하면 그런 설교를 할 수 있을까? 늘 내가 생각하는 화두 중 하나다.

# 소금

## 소금 염鹽

염창동鹽倉洞과 염리동鹽里洞의 공통점은 무엇일까? 소금이다. 염리동에는 소금 장수들이 많았고 염창동은 소금 창고가 있던 동네다. 소금 염鹽은 소금밭 로鹵+살필 감監이다. 제대로 소금을 생산하는지 살핀다는 뜻이다.

왜 소금이란 글자 안에 살핀다는 말이 들어 있을까? 그만큼 소금이 국가 재정과 관련이 깊었기 때문이다. 서양에서도 그랬다. 영어의 솔트salt를 보면 알 수 있다. 영어로 급여를 샐러리salary라고 하는데 어원이 소금이다. 군인을 솔저soldier라고 부른다. 이 역시 소금이 어원이다. 아마 대가로 소금을 받고 일했기 때문일 것이다. 그만큼 소금은 삶에서 중요한 비중을 차지했다. 홍익희 교수의 저서 『세상을 바꾼 다섯 가지 상품 이야기: 소금, 모피, 보석, 향신료 그리고 석유』에서 소금 부분을 인용한다.

소금 때문에 여러 사건이 일어났다. 당나라 황소의 난이 그렇다. 9세기 당나라 말기에 조정은 전매제도를 이용해 소금을 원가의 20배나 되는 비싼 값에 팔아 부족한 재정을 메웠다. 사염을 엄격하게 금지했고 걸리면 왼쪽 발가락을 잘랐다. 당연히 암거래가 생겨났다. 황소의 난은 황소가 과거에 낙방한 후 소금 장수를 하다가 전매제도를 참지 못해 일으킨 것이다.

프랑스 혁명의 원인도 소금이다. 왕정은 백성에게 불공정한 세금을 매겼고 이에 따라 암거래가 성행하면서 악순환이 계속됐다. 귀족에게는 염세를 면제해주고 일반 백성에게는 과도하게 부과한 것이다. 소금 암거래를 하다 걸리면 200리브르의 벌금을 내야 했는데 당시 노동자의 1년 수입이었다. 게다가 G라는 낙인을 찍어 갤리선에서 죽을 때까지 노를 저어야 했다. 인도 독립의 시발이 된 소금 행진도 영국인의 염세에 반대해서 일어난 사건이다.

모차르트Wolfgang Amadeus Mozart 고향으로 유명한 오스트리아의 잘츠부르크Salzburg의 잘츠Salz는 소금을 뜻한다. 암염 덕분에 만들어진 도시다. 미국 유타주의 수도 솔트레이크시티Salt Lake City 역시 글자 그대로 소금 호수가 있는 도시란 말이다. 소금의 가장 중요한 역할은 부패 방지다. 그래서 교회에서는 늘 세상의 빛과 소금이 되라고 하는 것 같다.

# 손
## 손 수 手

손이란 무엇일까? 손의 역할은 무엇일까? 옛사람들 눈에 비친 손은 어떤 의미일까? 이 역시 한자에서 흔적을 찾아볼 수 있다.

### 손 수 手

다섯 손가락이 있는 손 모양이다. 수족手足, 수단手段, 수술手術, 투수投手 등에 쓰인다. 변으로 쓸 때는 재방변 수扌로 바뀐다.

### 손가락 지指

손 수扌 +뜻 지旨다. 손가락으로 뜻을 가리킨다는 말이다. 지시指示, 지향指向, 지적指摘에 쓰인다.

### 손바닥 장掌

높을 상尙 아래에 손 수手가 자리한다. 손을 위로 향하게 한 부분이 장이다. 장악掌握, 박장대소拍掌大笑 등에 쓰인다. 손바닥 장掌에 손 수扌변을 붙이면 지탱할 탱撑이다. 옆과 아래에 손이 두 개나 들어 있다. 손바닥으로 붙잡고 몸을 지탱하려고 애쓰는 모습이 그려진다.

## 손의 역할

### 쥘 악握

손의 역할 중 하나는 인사다. 악수握手는 쥘 악握, 손 수手다. 손을 쥐는 서양식 인사다.

### 절 배拜

절을 뜻하는 배拜는 예배禮拜, 세배歲拜, 숭배崇拜에 쓰인다. 손 수手가 나란히 두 개 있고 밑에 아래 하下가 있다. 두 손을 모으고 몸을 아래로 굽혀 절하는 모양이다. 중국인들은 두 손을 맞잡고 인사를 한다. 손 수의 변형인 두 개의 손 수手다. 한 손이 아니라 두 손을 맞잡은 형태다.

### 받들 봉奉

두 손으로 봉을 받들고 있는 모습이다. 두 손이 들어간 한자로 클 태泰가 있다. 두 손으로 물을 떠서 몸을 씻는 모습이다. 그래서 편안하다는 뜻이다. 태국泰國, 태평泰平에 쓰인다. 한 권 두 권 할 때의 말 권卷 역시 사람이 구부린 모양처럼 두 손으로 말다는 의미다.

## 칠 타打

노동과 운동에도 손이 필요하다. 타격打擊, 타자打者의 칠 타打
는 손으로 못을 치는 형상이다.

## 들 거擧

가마를 들 때도 손이 필요하다. 의사 표시를 할 때도 손이 역할
을 한다. 이때는 들 거擧를 쓴다. 손을 들어 결정한다는 의미의 거
수擧手, 특정 어젠다가 논의된다는 거론擧論, 그 사람의 이름이
오르내린다는 거명擧名 등에 쓰인다.

## 잡을 구拘

손의 대표적인 역할은 잡는 것이다. 참으로 다양한 표현이 있다.
구속拘束, 구금拘禁, 구치소拘置所 등에 쓰이는 잡을 구拘가 대
표적이다. 포착捕捉, 포수捕手 등에는 잡을 포捕가 쓰인다. 파악
把握, 파수把守 등에는 잡을 파把가 쓰인다. 나포拿捕는 둘 다 붙
잡는다는 뜻이다.

## 누를 억抑

누르는 것도 손의 역할이다. 누를 억抑은 손 수扌+오를 앙卬이
다. 오르지 못하게 손으로 억누르다는 뜻이다. 억압抑壓, 억제抑制

에 쓰인다. 압수押收, 압류押留 할 때는 누를 압押을 쓴다. 손으로 거북(甲)처럼 납작하게 누른다는 뜻이다. 날인捺印은 누를 날捺을 쓴다. 술 마실 때 먹는 안주按酒에는 누를 안按을 쓴다. 갑자기 술에 취하는 걸 누른다는 의미다.

### 꺾을 좌挫

꺾는다는 의미에도 손이 들어간다. 좌절挫折이 대표적이다. 꺾을 좌挫에 꺾을 절折이다. 둘 다 손이 들어 있다. 손으로 무릎을 꿇어 앉힌다는 것이다.

### 지휘指揮

가리킬 지指, 휘두를 휘揮다. 손을 휘둘러 군사를 지휘한다는 뜻이다.

### 취사取捨

취하고 버릴 때도 손이 필요하다. 그게 취사取捨다. 가질 취取에 버릴 사捨를 쓴다.

## 손이 들어간 글자

### 오른손 우又

노예奴隷의 종 노奴는 여자 여女+오른손 우又다. 여자의 손이
란 뜻이다. 그렇다면 남자의 손은 뭘까? 도와줄 부扶다. 부扶는 손
수扌+지아비 부夫인데 이는 사람 머리에 비녀를 꽂은 형상이다.
결혼했다는 뜻이다. 즉 사나이 손이 남을 돕는다는 것이다. 결혼식
과 장례식에 하는 부조扶助는 상부상조相扶相助의 줄인 말이다.
여자의 손은 노예처럼 일만 하는 손이고 남자의 손은 거창하게 남
을 돕는다는 것이다. 심한 편견이다.

### 벗 우友

벗 우友는 오른손과 손을 맞잡은 걸 표현한 글자다.

### 깍지낄 차叉

두 손을 깍지 낀 모습이다. 교차로交叉路에 쓰인다.

### 복종시킬 복服

병부 절卩+오른손 우又다. 꿇어앉은 사람을 손으로 눌러 복종
시킨다는 뜻이다.

# 손톱
## 손톱 조爪

　주변에 손톱 관련 일을 하는 사람들이 제법 많다. 독서토론회에 네일숍을 운영하는 원장들이 많이 온다. 동탄에서 일하는 신희선 원장이 대표적이다. 난 그렇게 열심히 공부하고 자기계발하는 사람을 본 적이 없다. 최근에는 공부하러 독일에 간 적도 있다. 독일은 다른 과학도 발달했지만 손발톱 관련 기술도 발달했다는 것이다. 귀국 후 내가 운영하는 '글사세'에서 손발톱 관련 글을 썼는데 감탄을 금치 못했다. 손발톱은 건강의 리트머스 시험지라고 한다. 건강하지 못하면 손발톱이 푸석푸석해지고 자를 때 부서지기 쉽다. 건강한 사람은 손발톱에서 광택이 난다.

　신 원장의 글을 읽은 후 내게 몇 가지 변화가 생겼다. 하나는 샤워 후 반드시 발을 드라이어로 말린다. 그냥 놔두면 무좀의 원인이 된다는 걸 알았기 때문이다. 또 하나는 전경골근을 키우기 위한 운동을 한다. 전경골근은 발목을 뜻한다. 나이가 들면서 근육이 약해져 넘어지기 쉽고 일단 넘어지면 다른 병을 유발하기 때문에 근육운동이 필요하다.

옛사람들은 손톱을 어떻게 생각했을까? 한자로 손톱 조爪는 척 봐도 손톱 모양이다. 의외로 손톱과 관련한 한자가 제법 있다.

### 할 위爲

손톱 조爪+코끼리 상象이다. "코끼리를 끌고 가 일을 시키다"에서 유래했다고 한다. 행위行爲, 당위當爲에 쓰인다.

### 다툴 쟁爭

손톱 조爪+다스릴 윤尹이다. 서로 다스리겠다고 손톱을 세워 싸우는 걸 표현했다. 투쟁鬪爭에 쓰인다.

### 받을 수受

주고받는다는 뜻의 수수授受에도 손톱 조爪가 들어간다. 금품 수수 하면 금품을 주고받았다는 의미다. 먼저 받을 수受를 보자. 위에는 손톱 조爪, 아래에는 손 수手가 있다. 가운데 물건이 있는데 뭔가를 받는다는 뜻이다. 줄 수授는 받을 수受 앞에 손 수扌 변이 있다.

### 도울 원援

손 수扌+당길 원爰이다. 당길 원爰은 손톱 조爪+한 일一+친구 우友로 돼 있다. 손을 뻗어 친구 손을 잡는 형상이다. 응원應援에 쓰인다.

## 캘 채採

손톱으로 나무를 캐는 모습이다. 채용採用에 쓰인다. 오래전 난 『채용이 전부다』란 책을 썼고 그 후 『면접관을 위한 면접의 기술』이란 책을 썼다. 그만큼 채용에 관심이 많았다. 그런데 한자로 채용을 쓰면서 새로운 생각을 하게 됐다. 채용에는 손 수扌와 손톱 조爪가 들어 있다. 자신의 손으로 직접 나가서 뽑아야 한다는 것이다. 그런데 현대의 채용은 채용 공고를 내고 그 사람이 오길 기다린다. 좋은 사람은 그런 식으로 채용하기 힘들다. 좋은 사람을 채용하기 위해서는 유비가 제갈량을 채용하기 위해 삼고초려三顧草廬한 것처럼 직접 나서야 한다.

## 온당할 타妥

남자의 손이 여자를 평온하게 해주는 모습이다. 타당妥當에 쓰인다.

## 젖 유乳

아이를 품에 안고 젖을 먹이는 모습이다. 유모乳母에 쓰인다.

## 다스릴 란亂

위는 손톱 조爪이고 아래는 오른손 우又다. 손과 손톱을 사용해 엉킨 실을 풀려는 모습을 상상하면 된다. 혼란混亂에 쓰인다.

**뜰 부浮**

물 수氵+아들 자子+손톱 조爪 다. 물에 빠진 아이를 손으로 뜨게 하는 형상이다. 부각浮刻에 쓰인다.

# 쇄신
솔 쇄刷, 새 신新

쇄신刷新은 깨끗이 씻어내고 새롭게 한다는 뜻이다. 여기서 쇄刷란 칫솔처럼 솔이 달려 무언가를 긁어 없애는 물건이다. 도배할 때 가장 먼저 하는 건 벽에 있는 기존 벽지를 깨끗이 긁어내는 것이다. 그래야 새 벽지를 잘 바를 수 있다. 쇄刷해야 신新할 수 있다. 쇄하지 않으면 신할 수 없다.

비슷한 말이 신진대사新陳代謝다. 새로운 것과 오래된 것의 자리를 바꾸는 일이 대사다. 신진대사가 원활하지 않으면 문제가 생긴다. 사람도 조직도 마찬가지다. 무엇을 먼저 할 것인가? 새로운 것을 도입하는 것보다 급한 건 더럽고 오래된 것을 긁어내는 것이다. 먹던 찌개 그릇에 새로운 찌개를 끓일 수는 없다.

# 수레
## 수레 거車

수레 거車는 바퀴 달린 수레의 모양이다. 인력거人力車는 사람의 힘으로 움직이는 마차이고 자동차自動車는 스스로 움직이는 마차다. 위원회 같은 모임에 참석했을 때 주는 거마비車馬費는 오느라 쓴 차비를 준다는 의미다.

난 소음에 민감한 편이다. 차 소리가 들리지 않는 곳에 살고 싶다. 왜 차 소리가 그렇게 싫을까? 차 소리는 한자로 굉음轟音이다. 굉轟에는 수레가 세 개나 있다. 시끄러울 수밖에 없다. 이 글자를 보면 F1 경주차의 굉음이 연상된다. 전쟁과 관련한 한자에는 수레가 많이 들어 있다.

### 군사 군軍

덮을 멱冖+수레 거車다. 차를 둘러싼 형상일 수도 있고 마차를 덮개로 덮은 모습일 수도 있다. 예나 지금이나 군인은 전차를 타고 싸우는 것 같다.

### 진 칠 진陳

언덕 부阝+수레 거車다. 언덕에 전차로 진지를 구축했다는 뜻이다. 진지陣地, 진영陣營, 배수진背水陣에 쓰인다.

### 창고 고庫

집 엄广+수레 거車다. 수레를 넣어두는 집이란 의미다. 창고倉庫, 냉장고冷藏庫, 재고在庫 등에 쓰인다.

### 잇닿을 연連

수레 거車+갈 착辶이다. 수레들이 잇달아 나아가는 모양이다. 연속連續, 연발連發에 쓰인다.

### 휘두를 휘揮

손 수扌+군사 군軍이다. 장군이 손으로 명령하며 군대를 지휘한다는 것이다. 지휘指揮에 쓰인다.

### 가벼울 경輕

물줄기에 떠내려가는 수레처럼 가볍다는 뜻이다. 경솔輕率, 경시輕視, 경중輕重에 쓰인다.

### 견줄 교較

수레 거車+비교할 교交다. 수레에 실린 양쪽 짐의 상태를 비교

한다는 말이다. 비교比較, 일교차日較差에 쓰인다.


### 실을 재載

흙을 파내 수레에 싣는다는 말이다. 적재積載, 기재記載에 쓰인다.


### 수레 여輿

가마를 드는 사람이란 뜻이다. 가마를 드는 사람들의 생각이 여론이란 말이다. 요즘 말로는 택시 기사들의 생각이 곧 여론이다. 수레가 들어 있는 말 중 가장 재미있는 한자다.


### 알력軋轢

삐걱거릴 알軋, 칠 력轢이다. 수레바퀴가 삐걱거린다는 뜻이다. 의견이 맞지 않아 서로 충돌하는 것을 이르는 말이다.


### 도울 보輔

수레에 짐을 더 실을 수 있게 돕는다는 말이다. 보필輔弼에 쓰인다.

# 수정
기다릴 수守, 고요할 정靜

늘 텔레비전을 켜놓고 지내는 사람이 있다. 집에 들어서자마자 텔레비전부터 켜는 사람이 있다. 차 안에서 늘 라디오를 켜놓는 사람도 있다. 고요한 산에서 라디오나 음악을 들으며 걷는 사람이 있다. 늘 무슨 말이라도 해야 하는 사람이 있다. 그들은 침묵을 견디지 못한다. 조용한 걸 괴로워한다.

왜 그럴까? 자신과의 대면을 두려워한다는 것이 내 해석이다. 현대인은 너 나 할 것 없이 바쁘고 늘 마음이 불안하다. 혼자 있는 시간을 견디지 못한다. 고요함을 힘들어한다. 늘 사람들과 어울려 지내고 혼자만의 시간을 갖지 못하는 사람은 발전하지 못한다. 사람은 혼자 있을 때 발전한다.

난 수신修身이란 말을 좋아한다. 자신을 끊임없이 갈고닦으면서 보람을 느낀다. 그런데 어떻게 해야 수신할 수 있을까? 시작은 수정守靜이다. 기다릴 수守, 고요할 정靜. 수정은 고요히 앉아 마음속을 들여다보는 힘을 뜻한다. 적막함을 견디고 자신과 마주 설 수 있어야 한다. 잔잔한 물에서만 달과 별을 볼 수 있는 것처럼 마

147
|
人

음이 평온해야 인생의 오묘한 이치를 깨달을 수 있다. 정좌靜坐와 정양靜養은 학문의 필수 과정이다. 조용하게 차분히 앉아 있을 수 있어야 한다. 이것이 수양의 기본이다.

한자는 어떻게 공부의 무기가 되는가

# 순서

순할 순順, 차례 서序

 

살기 위해 일하는가, 아니면 일하기 위해 사는가? 살기 위해 먹는가, 아니면 먹기 위해 사는가? 중요한 질문이지만 선뜻 답하기 어렵다. 세상에는 그런 일이 지천이다. 운동도 그렇다. 왜 운동할까? 건강을 위해, 살을 빼기 위해, 멋진 몸매를 갖기 위해 등. 100세를 넘긴 김형석 교수의 답은 일하기 위해 운동한다는 것이다. 그에게는 일이 최우선 순위다. 이를 보면 순서는 곧 가치관이다. 내가 가장 높은 가치를 두는 것이 목적이고 뒤에 나오는 건 목적을 달성하기 위한 수단이다.

독서도 그렇고 공부도 그렇다. 왜 독서를 할까? 독서 자체가 목적인 사람도 있지만 내가 생각하는 독서는 목적이 아니라 수단이다. 잘 살기 위해 책의 도움을 받고 싶어서 읽는다. 일도 그렇다. 예전에는 먹고살기 위해 일을 했지만 지금은 일 자체에 가치를 둔다. 먹고사는 일과 관련 없지만 그냥 좋아서 일한다. 세월에 따라 목적이 달라지는 것 같다.

배우는 데도 순서가 필요하다. 불교에서 말하는 불佛이란 무엇인가? 불타佛陀는 깨달은 자를 말한다. 깨닫기 위해서는 다음 세 가지 조건을 만족해야 한다. 첫째, 자각自覺이다. 자신이 깨닫는 것이다. 둘째, 각타覺他다. 다른 이를 깨닫게 하는 것이다. 셋째, 각행원만覺行圓滿이다. 깨달음과 행함이 원만하게 하나가 되는 것이다. 이 세 가지 조건이 들어맞으면 부처가 될 수 있다. 보살菩薩은 앞의 두 가지는 들어맞지만 마지막 한 가지가 부족하다. 사람이 부처나 보살과 다른 점은 바로 깨달음에 있다. 불교는 깨달음의 종교다. 각오覺悟는 성불의 관건이다. 이중톈易中天의 주장이다.

잘 모르는 사람일수록 남에게 뭔가를 가르쳐주기 위해 애를 쓴다. 프로 골퍼는 남에게 함부로 가르쳐주지 않는다. 하지만 골프에 입문한 지 얼마 안 된 사람은 남에게 이래라저래라 참견을 한다. 자신의 리더십이 별로인 사람이 리더십에 대한 얘기를 많이 하는 것도 비슷한 경우다. 내가 먼저 깨닫고 그다음 남을 깨닫게 하고 실행하는 것. 너무 당연해서 오히려 당연하게 생각되지 않는 순서다.

『타이탄의 도구들』의 저자 팀 페리스Tim Ferriss는 자기계발 책을 많이 썼다. 그 역시 일하는 순서에 관한 생각을 많이 한 것 같다. 그가 쓰는 DSSS 학습 모델을 소개하면 다음과 같다. 첫째, 해체 Destruction다. 할 일을 해체하는 것이다. 할 일의 덩어리를 작은 덩어리로 나누어 생각한다는 뜻이다. 둘째, 선택Selection이다. 어떤 일을 할 것인가를 결정하는 것인데 기준점은 레버리지 효과가 큰 것부터 하는 것이다. 셋째, 배열Sequencing이다. 순서를 정하는 것이다. 순서는 명확하다. 킹핀을 먼저 정해야 한다. 킹핀을 쓰러뜨려야 다른 핀도 쓰러뜨릴 수 있다. 마지막은 당근과 채찍Stakes이다. 환경설정을 하자는 것이다. 그 일을 해야만 하는, 하지 않으면 안 되는 환경을 만들자는 것이다. 뻔한 얘기지만 많은 사람이 실천을 못 하고 있다.

회사후소繪事後素란 말이 있다. 그림을 그리려면 먼저 바탕이 마련돼야 한다는 말이다. 얼굴을 조각할 때도 순서가 중요하다. 처음에 코는 크게 눈은 작게 해야 한다. 그래야 다듬어나갈 수 있다. 나중에 작은 코를 크게 하거나 큰 눈을 작게 하기는 힘들기 때문이다.

# 술

술 주酒

아버지는 살아생전에 술을 좋아하지 않았다. 하지만 제사상에
는 꼭 술을 올렸다. 왜 좋아하지도 않는 술을 올려야 하는 것일까?
왜 제사에는 술이 빠지지 않을까? 난 그게 궁금했다. 그런데 한자
를 공부하면서 조금 실마리를 찾을 수 있었다. 술에는 존경의 의미
가 있다. 한 부족을 다스리는 추장酋長의 두목 추酋가 그렇다. 술
병을 뜻하는 술병 유酉 위에 팔八 자가 놓여 있다. 술이 익어 술병
에서 냄새가 나는 걸 표현했다. 익은 술은 두목에게 먼저 올린다는
의미로 해석한다.

거기서 유래한 한자가 높을 존尊이다. 추장 추酋+받들 공廾이
다. 익은 술을 두 손으로 공손하게 바치는 것을 뜻한다. 따를 준遵
도 비슷한 개념이다. 높을 존尊+갈 착辶이다. 존경하는 사람을 따
르는 것이다. 존경하면 따르고 존경하지 않으면 따르지 않는다. 예
나 지금이나 사람들은 비슷하다.

인간은 오랫동안 술을 즐기며 살아왔다. 지금도 그러하다. 왜 인
간은 그렇게 술을 좋아하는 것일까? 한자에서 실마리를 읽을 수

있다. 우울憂鬱하다의 답답할 울鬱이 그걸 말해준다. 수풀 림林 안에 병 부缶가 있다. 수풀 안에 술병이 있고 그 아래 덮을 먹冖, 울창할 창鬯, 터럭 삼彡이 있다. 울창한 숲속에 술 단지를 묻고 익기를 기다린다는 뜻이다. 빨리 술이 익어 먹고 싶은데 기다려야 하니 우울하다는 뜻이다. 술병을 묻어두고 익기를 기다리는 애주가의 모습이 그려진다. 자주 쓰지만 술과 관련 있다고 생각하지 못한 글자가 제법 있다.

## 수작酬酌

갚을 수酬와 따를 작酌을 결합한 글자다. 두 글자 모두 술 주酒가 들어 있다. 은혜를 갚는 의미에서 술을 따라 올린다는 뜻이다. 지금의 수작은 부정적 의미가 강하다. 하지만 원래의 수작은 제법 괜찮은 의미였다. 술잔을 서로 주고받는다는 뜻에서 오늘은 누구에게 수작을 부릴까?

## 짐작斟酌

술 따를 짐斟에 따를 작酌을 결합한 글자다. 짐작은 미루어 추측하는 걸 의미한다. 옛날에는 술잔이 불투명해서 얼마나 술이 남았는지 알 수 없었다. 당연히 짐작해서 넘치지 않게 따라야 한다. 지금은 술잔이 투명해서 짐작할 필요가 없다.

### 참작參酌

간여할 참參에 따를 작酌을 결합한 글자다. 알맞게 헤아린다는 뜻이다. 술을 따를 때 넘치지도 모자라지도 않게 적당히 따라 주는 것에서 유래했다.

### 작정酌定

따를 작酌에 정할 정定을 결합한 글자다. 미리 술 따를 양을 정한다는 뜻이다. 작정하지 않고 술을 따르면 잔이 넘쳐 결례될 수 있다.

### 보수報酬

갚을 보報에 갚을 수酬, 즉 갚는다는 의미다. 주인이 손님에게 보답하는 의미에서 술을 따른다는 것이다. 신세 진 걸 술로 갚는다는 것이다. 지금도 유효해 보인다. 결혼식 주례를 본 후 감사의 의미로 술을 몇 번 얻어먹은 적이 있다. 지금 생각하니 그게 보수였다.


## 술의 폐해를 알리는 한자

### 술 취할 취醉

술 주酒+마칠 졸卒이다. 술병이 바닥나도록 마시면 취하는 것이다. 바닥나기 전에 그만 마시라는 것이다.

### 심할 혹酷

술 주酒+고할 고告다. 술맛의 독함을 알린다는 뜻이다. 처음 술을 맛볼 때 그 느낌이 생각나는 글자다. 가혹苛酷에 쓰인다.

### 추할 추醜

술 주酒+귀신 귀鬼다. 귀신도 취하면 추해진다는 말이다. 추태醜態에 쓰인다. 술을 마신 뒤에 부리는 주사酒邪에는 사악할 사邪를 쓴다. 술을 많이 마시면 추해지고 사악해진다는 뜻이다. 그래서 술을 마실 때는 안주按酒를 잘 골라 먹어야 한다. 여기서 안은 누를 안按이다. 술기운을 눌러준다는 의미다. 마사지를 뜻하는 안마按摩와 같은 안이다.

# 식별
## 알 식識, 구분할 별別

　알아야 구분할 수 있다. 알지 못하면 구분할 수 없다. 늘 인식이 먼저다. 뭔가 잘못됐다는 걸 인식했는데 안 하긴 쉽지 않다. 변화하기 힘든 이유도 사실은 인식하지 못하기 때문이다. 해야 할 일과 하지 말아야 할 일, 지금 할 일과 나중에 할 일, 만나야 할 사람과 만나면 안 되는 사람의 구분이 왜 안 되는 걸까? 인식하지 못하기 때문이다. 늘 인식이 먼저고 그다음이 구분이다.

# 실
## 가는 실 멱糸

방적紡績과 방직紡織의 차이를 알고 있는가? 방적은 실을 만드는 것이고 방직은 실로 옷을 만드는 것이다. 원래의 실은 너무 가늘어 쓸 수 없다. 한자로는 가는 실 멱糸이다. 실 꾸러미 모양인데 실을 만들기 위한 원자재다. 멱이 두 개 모여 실 사絲가 된다. 가는 걸 꼬아 만든 보통의 실이다. 요즘 말로 하면 방적이다.

### 등급 급級

가는 실 멱糸+미칠 급及이다. 실이 미치는 길이에 따라 분류한 게 등급이다. 긴 실은 상품이고 짧은 실은 하품이다. 등급等級에 쓰인다.

### 줄일 축縮

가는 실 멱糸+잘 숙宿이다. 실이 하루 자고 나면 줄어드는 걸 보고 만든 글자다. 특히 면 제품이 그렇다. 이 한자를 보니 면 제품의 역사는 제법 오래된 것 같다. 한 번 빨면 옷이 줄어드는 걸 보고 만든 걸까? 축소縮小에 쓰인다.

### 이을 소紹

실은 맺는 것의 상징이다. 소개紹介 할 때의 이을 소紹는 가는 실 멱糸+부를 소召 다. 양쪽을 불러서 잇는다는 뜻이다. 연락連絡의 이을 락絡은 가는 실 멱糸+각 각各 이다. 각각을 실로 잇는다는 뜻이다. 연속連續, 결혼結婚, 약속約束, 속박束縛 등도 모두 실이 들어 있다. 실로 묶는다는 의미다. 이을 계系는 여러 실을 이어 맨 모양이다. 여기서 관계關係 할 때의 맬 계係가 나왔다.

### 얽힐 규糾

실이 엉켜버리면 풀기 어렵다. 그래서 뭔가 복잡하고 꼬일 때도 실과 관련된 글자를 사용한다. 노사분규의 분규紛糾는 어지러울 분紛에 얽힐 규糾 다. 두 글자 모두 실이 들어 있다. 실이 어지럽게 엉켜 풀기 어렵다는 뜻이다. 문란紊亂의 어지러울 문紊은 실이 뒤엉킨 모양이라 어지럽다는 뜻이다. 어지러울 란亂은 실패에 엉킨 실을 풀려는데 잘 풀리지 않는 걸 표현했다.

### 끊을 절絶

실 멱糸+칼 도刀+꼬리 파巴다. 칼로 실을 자른다는 의미다. 실은 잇는 것만큼이나 끊는 용도로 사용한다. 관련해 맹모의 단기지교斷機之敎가 연상된다. 맹자 어머니가 학문을 하다 말고 중간에

한자는 어떻게 공부의 무기가 되는가

돌아온 맹자 앞에서 자신이 짜던 베를 자른다. 그러면서 "군자란 학문에 정진해 입신양명하고 일생의 무기로 삼아야 한다"라고 한 말에서 유래했다. 단절斷絶이란 베틀에 걸어놓은 실을 도끼로 끊는 형상이다.

# 심보

마음 심心

"엄지발톱이 안으로 파고드는 사람이 있어요. 그런데 엄지발가락은 뇌와 관련이 있어 두통을 유발해요. 한번은 한쪽 엄지발톱이 그런 고객이 왔어요. 제가 혹시 편두통이 있지 않냐고 물어보자 깜짝 놀라는 거예요. 어떻게 알았느냐는 것이지요." 엄지발톱의 문제가 뇌에 영향을 준다는 증거다. 난 이 얘기를 듣고 몸과 뇌가 이렇게 연결될 수 있다는 사실에 놀랐다.

반대 경우도 있다. 존 E. 사르노John E. Sarno가 쓴 『통증혁명』이란 책에서 본 내용은 대강 이렇다. "허리나 목에 극심한 통증이 있어 병원에 갔는데 이유를 알 수 없는 경우가 종종 있다. 많은 경우 분노를 억제했기 때문이다. 억압된 분노가 근육의 통증을 일으킨 것이다. 이를 긴장성 근육통 증후군tension myositis syndrome이라고 부른다. 분노나 불안의 감정은 반사회적 수감자들과 같다. 무의식은 반사회적 수감자들을 가두는 교도소와 같다. 수감자들은 철통같은 감시를 받지만 언제든 탈출을 꿈꾼다. 인간은 부정적 감정을 억압하는데 억압된 감정이 몸을 통해 표출되는 것이 통증이

한자는 어떻게 공부의 무기가 되는가

다. 훌륭한 위장술이다. 통증은 대부분 감정과 관련이 있다." 한마디로 불쾌한 감정을 피하기 위해 통증을 일으켜 주의를 엉뚱한 곳으로 돌린다는 것이다.

몸이 먼저일까, 아니면 마음이 먼저일까? 순서를 따지긴 어렵지만 서로에게 영향을 주는 건 확실하다. 마음고생을 많이 하면 언젠가 몸이 문제를 일으키고 몸에 문제가 생기면 그 역시 마음에 영향을 준다. 그렇기 때문에 어딘가 문제가 생겼을 때는 전체를 보아야 한다. 몸과 마음을 동시에 살펴야 한다. 난 이 말을 듣고 욕치기질欲治其疾이면 선치기심先治其心이란 말이 생각났다. 병을 고치려면 우선 마음을 고치라는 얘기다. 의료 현장에서는 수많은 기적이 일어난다. 그 같은 기적은 대부분 마음으로 믿을 때 일어난다. 의사도 그렇고 환자도 그렇다.

모든 것은 심보에서 나온다. 사기당하는 사람은 사실 욕심이 있기 때문에 당한다. 욕심을 버려야 한다. 그래야 자기의 참모습을 볼 수 있다. "욕심에 가려져 있는 모습은 먼지가 덮여 있는 구슬과 같다. 먼지가 아무리 덮여 있어도 구슬은 변함없으니 먼지만 닦아내면 본래 깨끗하고 아름다운 구슬은 천추만고에 아름답게 빛이난다." 성철 스님의 말씀이다.

# 쌀

### 쌀 미米

먹는 것의 대표는 쌀이다. 쌀 미米는 쌀알이 흩어져 있는 모양이다. 쌀과 관련한 한자를 살펴보자.

### 식량 량糧

쌀 미米+헤아릴 량量이다. 인간 생활에 중요한 쌀을 헤아린다는 뜻이다. 쌀을 헤아리지 않으면 파산이다. 양식糧食, 식량食糧에 쓰인다.

### 찧을 정精

쌀 미米+푸를 청靑이다. 벼를 찧어서 깨끗한 쌀로 만든다는 뜻이다. 정미소精米所는 쌀을 찧는 곳이다. 정신精神에도 찧을 정을 쓴다.

### 가루 분粉

쌀 미米+나눌 분分이다. 쌀을 곱게 간다는 뜻이다. 예전에는 쌀

을 빻아 화장품으로 썼고 분이라 했다. 분말粉末, 분유粉乳, 분식
회계粉飾會計에 쓰인다.


### 엿 당糖

당분糖分은 단 것을 뜻한다. 쌀은 곧 당분이다. 쌀을 절구질해
삶으면 엿이 된다. 밥을 오래 씹으면 달착지근하다.


### 순수할 수粹

쌀을 완전히 정미해서 불순물이 없는 것이 순수純粹다.


### 똥 분糞

분뇨糞尿는 똥과 오줌이다. 먹으면 다 똥이 된다는 말은 농담이
아니라 진리다. 분糞은 쌀 미米+다를 이異다. 쌀이 다른 걸로 바
뀌었다는 뜻이다. 참 재미난 발상이다. 뇨尿는 죽을 시尸+물 수水
다. 물이 죽은 게 오줌이란 뜻이다.

# 약속

맺을 약約, 구속할 속束

최근 강의를 겹치게 약속해 곤욕을 치렀다. 모 업체에서 몇 달 전 강의를 요청하면서 가능성이 반반이라고 해 당연히 안 될 것으로 생각해 날짜 표시를 안 하고 다른 강의를 받았다. 워낙 그런 일이 많았기 때문에 별 생각 없이 한 행동이다. 그런데 예상을 깨고 강의가 확정된 것이다. 요청받은 세 번 중 두 번은 하고 나머지는 양해를 구하면서 일을 수습하긴 했다.

나는 괜한 약속으로 여러 사람에게 민폐를 끼쳤고 스스로도 너무 불편했다. 그들은 빚을 받겠다고 전화를 했고 나는 빚을 갚으려 동분서주한 셈이다. 그 후 약속은 신중하게 하고 웬만한 일은 거절하기로 했다. 내키지 않는 강의 요청은 딱 잘랐다. 용건 없이 만났으면 좋겠다는 요청도 거절했다. 저녁에 하는 이런저런 모임도 대부분 거절했다. 그랬더니 자유가 찾아오면서 마음에 평화가 돌아왔다. 꽉 찬 달력 대신 듬성듬성한 달력을 보며 기쁨을 느꼈다.

돌아다녀야 에너지를 얻는 사람이 있다. 혼자 있으면 열불이 난다는 사람이 있다. 나도 혼자만 있으면 답답할 때가 있다. 하지만 너무 많은 약속은 나를 힘들게 한다. 시간과 에너지를 빼앗긴다. 약속約束에는 구속할 속束을 쓴다. 약속이 자유를 구속한다. 거절해야 자유를 얻을 수 있다.

# 양서류와 파충류
## 깃들 서棲

양서류의 정확한 의미를 알고 있는가? 땅에도 살고 물에도 사는 생명체라는 사실은 대부분 알 것이다. 그런데 이름에서 그걸 나타낸다는 사실도 알고 있는가? 파충류는 어떤가? 파충류의 정확한 정의를 알고 있는가? 아는 것 같지만 제대로 설명하기는 쉽지 않다. 그런데 한자를 알면 다르다.

어릴 적 자연 시간에 양서류와 파충류란 단어를 처음 들었을 때의 기분이 아직 생생하다. 이름이 이상했다. 물론 선생님은 거기에 관해 설명하지 않았다. 안 한 걸까, 못 한 걸까? 물에서도 살고 뭍에서도 사는 동물로 개구리, 두꺼비, 도롱뇽 등이 있다는 얘기를 듣고 무조건 외웠다. 파충류란 단어도 이상하긴 마찬가지였다. 악어, 도마뱀, 거북이처럼 기어 다니는 동물로 외웠다. 변온동물이라 외부 온도에 따라 체온이 변한다는 걸 억지로 외웠던 기억이 있다. 누구도 양서류와 파충류가 왜 양서류이고 왜 파충류인지 제대로 설명하지 않았다. 만약 그때 한자로 이름을 풀어주었다면 아주 쉽게 이해하고 외웠을 것이다.

양서류兩棲類는 한자다. 두 개란 의미의 양兩에 깃들 서棲로 이루어진 글자다. 땅과 물 모두에서 살 수 있다는 뜻이다. 영어로는 앰피비언amphibian이다. 이 역시 두 개란 의미의 암피amphi와 생명이란 뜻의 비오스bios의 결합어다. 아마 영어를 한자로 번역하면서 만들어진 이름인 것 같다. 한자에 익숙하면 바로 이해가 가능한 단어다. 파충류爬蟲類도 한자다. 기다는 뜻의 파爬에 벌레 충蟲이 합한 글자다. 기는 벌레란 뜻이다. 그런데 아직 이상하다. 악어가 벌레는 아니지 않은가? 영어로는 렙타일reptile이라고 한다.

여기서 서식지棲息地에 대해 생각해보고 가자. 서식지란 거기 머물며 쉬는 곳이란 의미다. 깃들 서棲란 한자가 흥미롭다. 나무 목木+아내 처妻다. 왜 나무 옆에 아내가 있을까? 해가 지면 새는 자기 집으로 오고 남자는 아내가 있는 곳에 와서 쉰다는 의미가 아닐까? 내가 생각하는 집의 정의는 아내가 있는 곳이다. 아내가 있는 곳이 남자의 서식지다. 물론 나만의 생각일 뿐이다.

# 양, 질, 격
### 헤아릴 양量, 바탕 질質, 격식 격格

거장의 특징은 다작이다. 많은 작품을 쓰고 그리고 만들다 보니 어느 순간 품질이 높은 작품이 나오고 그게 쌓이고 쌓여 거장의 반열에 오르는 것이다. 이건 말로 하는 것보다 실제 해보는 것이 효과적이다. 필생의 작품을 쓰기 위해 비슷한 수준의 두 사람이 실험을 한다. 한 사람은 매일 꾸준히 글을 쓰고 품질이 안 되는 책을 낸다. 매년 5~6편을 꾸준히 펴낸다. 때론 사람들이 혹평한다. 다른 한 사람은 필생의 한 작품을 위해 전력투구한다. 품질이 되지 않으면 중단한다. 글을 써도 발표하지 않는다. 세월이 흐른 후 누가 거장이 될 가능성이 클까?

누구나 품질 높은 작품을 만들고 싶어 한다. 그저 그런 작품을 목표로 일하는 사람은 없다. 중요한 건 처음부터 그런 작품을 만들 수는 없다는 것이다. 꾸준함이 뒷받침돼야 가능하다. 양이 먼저다. 그런데 일정량을 채우기 위해서는 꾸준함이 필요하다. 꾸준하지 않으면 양을 채울 수 없다. 그런 면에서 완벽주의와 지나친 꼼꼼함은 걸림돌이 될 수 있다. 글을 쓰고 싶어 하는 사람은 많지만 정작 글을 쓰지 못하는 이유 중 하나는 완벽주의다. 완벽한 글을 쓰려고 기다리다 삶이 끝나는 것이다. 또 완벽주의는 게으름의 다른 모습일 수 있다. 하기는 싫은데 마땅한 핑계가 없을 때 완벽주의는 좋은 이유가 되기 때문이다.

양量이 우선이고 질質이 그다음이다. 질의 원래 뜻은 바탕인데 바탕은 바로 양이다. 양이란 바탕 위에 질이 만들어진다. 양이란 바탕이 없다면 질은 언급할 수조차 없다. 양으로 먼저 바탕을 만들고 그다음 질을 세워라. 진리 중 진리다. 세워진 질의 축적 위에 격格이 만들어진다. 격은 양과 질의 과정을 거친 후 얻을 수 있는 귀한 선물이다. 격은 그냥 얻을 수 있는 게 아니다. 양도 없고 질도 없는 사람이 격을 논하는 건 어딘가 이상하다.

# 여론
## 수레 여輿

여론輿論을 수렴한다는 말을 자주 한다. 저잣거리 얘기, 국민 얘기를 들어보겠다는 것이다. 여기서 여輿는 수레를 뜻한다. 가마를 여러 사람이 드는 데서 유래한 말이다. 여론이란 요즘 말로 하면 택시 기사들 의견이다. 예나 지금이나 민심의 척도 중 하나는 택시 기사들이다.

왜 그럴까? 가장 많은 사람을 만나기 때문이다. 하루에도 수십 명의 얘기를 듣는다. 또 주야장천 라디오를 켜놓는다. 아마 세상에서 가장 열심히 뉴스를 듣는 사람들일 것이다. 당연히 민심이 어떠한지 가장 먼저 알 수 있다. 아니, 알 수밖에 없는 것이다. 국민 마음을 알고 싶은가? 그렇다면 택시 기사들 얘기를 들어보라.

# 여자
## 여자 여女

난 태생적으로 여성성이 강한 사람이다. 남자보다는 여자가 좋고, 강자보다는 약자에게 마음이 가고, 높은 사람보다는 일반인에게 더 끌린다. 특히 아기 엄마나 어렵게 사는 여성에게 측은지심이 생긴다. 어릴 때도 그랬다. 명절 때 안방에서 아무것도 안 하고 거드름을 피우는 남자 어른보다는 부엌에서 음식을 준비하며 솔직한 얘기를 나누는 큰엄마나 형수 같은 여자 어른이 좋았다.

그래서 "사내자식이 여자처럼……" 같은 얘기를 많이 듣고 자랐다. 결혼 후에도 아들보다는 딸이 좋겠다는 얘기를 공공연히 하다 어머님에게 핀잔도 많이 받았다. 하지만 그 바람대로 딸만 둘을 낳아 행복하게 잘 살고 있다. 뒤늦게 시집간 딸이 아들을 낳아 최근 사내와 여자의 차이를 새롭게 인식하고 있다.

### 여자는 무엇일까?

한자는 여자를 어떻게 보고 있을까? 여자를 뜻하는 한자 여자 여女에 관한 글자를 보면 조금 힌트를 얻을 수 있다. 여자 여女는 두 손을 포개고 얌전하게 앉아 있는 모습을 그렸다는 설이 유력하다.『성경』의「요한복음」은 "태초에 말씀이 계시니라"라는 문장으로 시작한다. 난 태초에 여성이 있었고 그 여성이 세상을 시작했다고 생각한다. 시작, 시초의 처음 시始가 그 증거다. 여자 여女+아이 밸 태胎다. 생명은 여자가 임신하는 데서 비롯된다.

우리 모두 여자의 몸을 빌려 태어난 존재들이다. 아무도 부인할 수 없는 사실이다. 성씨 성姓은 여자 여女+태어날 생生이다. 자녀 생산 후 여자의 성을 따르게 한 것이다. 혼란하던 시기에는 누가 아버지인지는 불분명하지만 엄마는 확실하기 때문에 여자의 성을 따르지 않았을까? 모계사회란 증거로 보기도 한다.

자매姉妹는 여자 형제를 뜻한다. 손위 형제가 자姉이고 손아래 형제가 매妹다. 혼인婚姻에도 둘 다 여자 여女가 들어 있다. 혼婚은 여자 여女+어두울 혼昏이다. 해질 때 결혼식을 올렸다는 증거다. 인姻은 여자로 인해 혼인한다는 뜻이다.

고부姑婦는 시어머니와 며느리란 말이다. 둘 다 여자 여女가 들어 있다. 시어머니 고姑는 여자 여女+오래될 고古다. 여자가 오래되면 시어머니가 된다는 뜻이다. 요즘같이 결혼을 안 할 때는 해당하지 않는다. 나이를 먹어도 시어머니가 되지 못한다. 며느리 부婦는 여자 여女+빗자루 추帚다. 빗자루를 들고 청소하는 게 며느리다. 며느리를 파출부 정도로 본 것 같다. 지금 보면 말도 되지 않는 얘기다.

## 처와 첩은 어떨까?

정식 부인인 처妻는 비녀를 꽂은 여자가 머리를 매만지는 모습에서 유래했다. 거울 앞에서 우아하게 머리를 다듬는 모습을 그릴 수 있다. 첩妾은 다르다. 원래의 뜻은 매울 신辛 밑+여자 여女를 썼다. 문신한 계집종이란 뜻이다. 그게 변형돼 설 립立에 여자 여女가 됐다. 난 이를 앉지 못하고 불안하게 서 있는 여자로 해석한다. 남의 부인을 빼앗았으니 본부인 눈치를 보느라 안절부절못하는 모습이다.

조강지처糟糠之妻는 어려움을 같이 겪은 배우자를 말한다. 흔히 조강지처를 버리면 벌 받는다는 말을 많이 한다. 그 결과를 말해주는 단어가 있다. 처참悽慘이다. 슬퍼할 처悽에 참혹할 참慘이다. 처悽는 마음 심忄+아내 처妻다. 난 아내를 슬프게 한 자는 처참하게 된다는 걸로 해석한다.

## 어떤 여자를 좋아했을까?

애교愛嬌란 글자에 힌트가 있다. 사랑 애愛에 아리따울 교嬌다. 교嬌는 여자 여女+높을 교喬다. 키 큰 여자를 선호한 것 같다. 묘령妙齡의 여자도 좋아했다. 묘령은 젊을 묘妙, 나이 령齡이다. 젊을 묘妙는 여자 여女+적을 소少다. 나이 어린 여자가 좋다는 것이다. 요염妖艶한 여자도 좋아했다. 요망할 요妖에 고울 염艶이다. 요망할 요妖는 여자 여女+젊을 요夭다. 젊은 나이에 죽었다는 요절夭折에 쓰는 그 요다. 요염한 것도 따지고 보면 젊은 것을 의미한다.

예나 지금이나 남자들은 젊은 여자를 보면 사족을 쓰지 못한다고 혀를 차는 일이 많다. 한자에 그 증거가 있다. 매력을 위해서는 자세姿勢가 중요하다. 맵시 자姿는 다음 차次+여자 여女다. 여자에겐 마음씨 다음으로 중요한 게 맵시란 말이다. 젊어야 하고 얼굴도 예뻐야 하지만 자세가 중요하단 사실을 알 수 있다.

## 여자를 무시한 글자

한자를 보면 여성에 대한 편견이 너무 심하다는 걸 느낄 수 있다. 해도 해도 너무한다는 생각이 든다. 온갖 나쁜 것에 다 여자 여女를 갖다 붙였다. 반대로 남성 제일주의가 강하다. 대표적으로 법 규規는 지아비 부夫+볼 견見이다. 지아비가 보는 것이 곧 법이란 말이다. 요즘 말로 옮기면 남자 의견이 곧 법이란 뜻이다. 어떻게 그런 생각을 할 수 있을까? 여자를 무시한 한자 몇 가지를 살펴보자.

### 간음할 간姦

간음姦淫이란 말에는 남자는 없고 온통 여자만 있다. 하나도 아니고 무려 셋이다. 간음은 혼자 하는 게 아니다. 혼자 할 수 없다. 남자가 있어야 가능한데 왜 애꿎은 여자에게 모든 죄를 뒤집어씌웠을까?

### 같을 여如

여자 여女+입 구口다. 여자의 입은 다 거기서 거기라 참고할 게 없다는 말이다. 여자 말은 들을 것도 없다는 뜻이다. 여의如意치 않다 할 때에 쓰인다.

### 편안 안安

집 면宀+여자 여女다. 집에는 여자가 있어야 편안하다는 것이다. 얼마 전까지 숱하게 들었던 "여자와 접시는 돌아다니면 깨진다"란 말이 떠오른다. 과연 여자는 집에만 있어야 하는 존재일까? 지금 같은 시대에 집에만 있으면 어떤 일이 벌어질까? 본인은 우울증에 걸리고 사회적으로도 큰 낭비다.

### 온당할 타妥

손톱조 조爫+여자 여女다. 여자를 손으로 만져주니 좋아한다는 뜻이다. 사랑하는 사람이 만져주면 좋아하지만 그렇지 않은 사람이 만지면 그 즉시 성희롱이다.

### 방해할 방妨

여자 여女+방위 방方이다. 여자가 사방으로 손을 내밀어 방해妨害한다는 뜻이다.

### 망령될 망妄

여자 여女+망할 망亡이다. 남자도 망령이 나는데 왜 망령에 여
자가 등장할까?

### 간사할 간奸

여자 여女+방패 간干이다. 여자는 방패처럼 겉과 속이 다르다
는 뜻이다. 그럼 남자는 겉과 속이 같은가?

그 외에도 여성에 대한 편견은 한자에 너무 많다. 질투嫉妬, 망
발妄發, 요물妖物, 혐오嫌惡, 요사妖邪 등 좋지 않은 말에는 억울
하게도 빠짐없이 여자가 등장한다. 약간 위안이 되는 단어가 하나
있다. 위원회委員會의 맡길 위委다. 벼 화禾+여자 여女다. 곡식
창고는 여자에게 맡긴다는 뜻이다. 앞으론 위원회의 위원장은 여
성에게 맡기는 걸로 하면 어떨까?

# 열정

더울 열熱, 뜻 정情

　자기에게 맞는 일을 찾아라, 열정熱情을 갖고 일하라는 말을 자주 한다. 스티브 잡스가 대표적이다. 그런데 잡스는 정말 열정을 갖고 일했을까? 젊은 시절 그가 가장 열정을 가졌던 일은 명상과 선이었다. 회사에 다니다 중단하고 인도에 가기도 했다. 만약 그가 열정이 이끄는 대로 살았다면 명상원의 지도자가 됐어야 했다. 하지만 그는 열정을 따르는 대신 먹고살기 위해 IT 산업에 종사해 애플을 창업했다. 그 일을 제대로 하기 위해 온몸을 던졌다.

　이 일이 내게 맞을까? 어떤 일이 내게 맞는 일일까? 이런 질문은 의미가 없다. 이런 질문을 던지기 전에 하고 있는 일과 해야 할 일을 제대로 하라. 그럼 열정이 나온다. 열정이란 제대로 일할 때 얻을 수 있는 부산물이다. 어떤 일을 하느냐는 별로 중요하지 않다. 주어진 일을 제대로 하면 열정이 나온다. 열정을 따르는 대신 열정이 여러분을 따르도록 해야 한다. 칼 뉴포트Carl Newport가 쓴 『열정의 배신』에 나오는 내용이다.

# 옷
## 옷 의衣

    서양인들은 삶의 필수 조건으로 푸드food, 클로딩clothing, 셸터 shelter를 꼽는다. 음식이 가장 중요하고 다음이 옷이고 마지막이 집이란 뜻이다. 우리는 다르다. 의식주란 말은 삶의 우선순위를 드 러낸다. 가장 중요한 게 바로 옷이다. "옷이 날개다"란 속담을 봐도 사람은 입는 옷이 중요하다. 특히 나이가 들수록 옷을 잘 입는 것 이 중요하다는 생각이다. 그렇다면 옷이란 무엇일까? 옷을 뜻하는 한자는 옷 의衣다. 목덜미 부근의 소매와 옷섶이 교차된 모양으로 만들어졌다고 한다.

    옷을 만드는 과정에도 모두 의衣가 들어가 있다. 초기初期, 초 심初心의 처음 초初는 옷을 만들 때의 첫 과정인 옷감을 칼로 자 르는 것을 표현했다. 재단裁斷도 옷 만드는 과정이다. 옷마름질 할 재裁를 쓴다. 제조製造의 지을 제製는 마름질한 옷감으로 옷을 짓 다는 뜻이다. 보수補修의 기울 보補는 헝겊을 덧대어서 해진 옷을 깁는다는 말이다. 복잡複雜이란 말은 겹칠 복複에 섞일 잡雜이다. 옷을 겹쳐 입는 것과 여러 옷이 섞인다는 의미다.

한자를 공부하기 전까지 난 양말洋襪이 우리말인 줄 알았다. 그런데 아니었다. 서양 버선이란 뜻의 한자다. 말襪을 분해하면 옷 의衣+멸시할 멸蔑이다. 신체 중 가장 멸시받는 발에 입히는 옷이란 뜻이다. 옷 의衣와 관련한 한자를 더 살펴보자

### 마칠 졸卒

사람이 죽은 후 수의로 묶은 모양이다. 졸업卒業에 쓰인다.

### 슬플 애哀

상복에 입을 묻고 곡하는 모습이다. 애통哀痛에 쓰인다.

### 품을 회懷

옷 의衣+눈 목目+물 수水다. 눈에서 눈물이 흘러서 옷을 적신다는 뜻이다. 의심을 품다는 뜻의 회의懷疑에 쓰인다.

### 찢을 열裂

옷을 잡아 벌려 찢는다는 의미다. 분열分裂에 쓰인다.

### 쇠할 쇠衰

옷 의衣+소 축丑이다. 시든 풀로 만든 도롱이를 뜻한다. 도롱이처럼 시든다는 뜻이다. 쇠약衰弱에 쓰인다.

### 의지할 의依

사람 인亻+옷 의衣다. 의지依支란 사람은 옷에 의지해 품위를 유지한다는 것이다. 마크 트웨인Mark Twain의 소설 『왕과 거지』에서 보듯 왕이 거지와 옷을 바꿔 입는 순간 거지가 되고 거지가 잘 입으면 왕처럼 보인다.

### 겉 표表

털 모毛+옷 의衣다. 가죽옷의 털 있는 면이 겉이란 뜻이다. 표현表現, 표지表紙에 쓰인다.

### 속 리裏

옷 안쪽에 마을 리里 모양의 솔기가 있는 걸 표현했다. 이면裏面, 이서裏書, 표리부동表裏不同에 쓰인다.

### 속마음 충衷

옷 의衣+가운데 중中이다. 옷 가운데 있는 마음이니 속마음이다. 충정衷情, 고충苦衷에 쓰인다.

# 왕, 신하, 백성
## 임금 군君, 신하 신臣, 백성 민民

요즘처럼 정치 리스크가 큰 시대가 없었던 것 같다. 하지 말아야 할 일을 어쩌면 그렇게 골라서만 하는지 그것도 일종의 재능이라면 재능이다. 한자를 통해 왕, 신하, 백성이란 어떤 의미인지 살펴보자.

### 임금은 어떤 사람일까

임금 군君은 다스릴 윤尹+입 구口다. 말로 다스리는 사람이 왕이고 임금이다. 예나 지금이나 정치인은 말하는 능력이 중요하다. 정치는 말로 하는 것이다. 윤尹을 분해하면 오른손 우又+삐칠 별丿이다. 오른손에 지휘봉을 든 모습이다. 장군들이 손에 지휘봉을 든 모습이 연상된다. 왕이란 지휘봉으로 방향성을 가리키며 말을 통해 다스리는 사람이다.

### 임금 벽辟

임금을 뜻하는 또 다른 단어로 무릎 꿇은 죄인을 형벌로 다스리는 형상이다. 우리가 생각하는 왕과는 느낌이 아주 다르다. 벽제 辟除도 그렇다. 임금이 행차할 때 사람들의 통행을 막는 걸 의미한다. 지금도 높은 사람이 지나갈 때 신호등을 통제하는 것과 같은 이치다.

### 피할 피避

갈 착辶＋임금 벽辟이다. 임금이 난을 피해 움직이는 것이 바로 피난避難이다. 옛날에도 난리가 나면 가장 먼저 임금이 도망갔기 때문에 이런 글자가 만들어지지 않았을까? 사실 임금은 도망가야 한다. 임금이 잡히면 그 나라는 끝나기 때문이다.

### 다툴 쟁爭

다툴 쟁爭은 손톱 조爪＋다스릴 윤尹이다. 서로 다스리겠다고 난리를 치는 것이다. 왕은 끊임없이 권력을 위해 투쟁鬪爭하는 사람이다. 정치인들은 매일 밥을 먹고 싸움만 한다고 비판하는데 한자를 보면 정치인은 사실 싸움하는 사람이다. 서로 정권을 잡겠다고 싸워야 그게 정치다. 싸우는 정치인을 비난하지 말지어다.

## 임금 다음은 신하다

신하 신臣은 고개를 숙인 사람의 모습이다. 똑바로 보지 못하는 눈을 세로로 표현한 것이다. 신은 차마 주인을 똑바로 보지 못하는 노예를 뜻하다가 나중에 왕 앞에 있는 신하가 된 것이다. 그런 면에서 절대복종을 뜻한다. 신은 이중성을 갖고 있다. 복종의 의미와 함께 동료 노예를 감시한다는 의미를 함께 갖고 있다. 신과 관련된 글자는 대부분 복종과 관련 있다.

### 벼슬 환宦

신하 신臣+집 면宀이다. 집에 있는 신하, 감옥에서 감시하는 책임자의 한쪽 눈을 뜻한다. 노예가 노예를 감시하는 형국이니 노예의 우두머리라 할 수 있다. 환관宦官에 쓰인다.

### 단단할 견堅

신하 신臣, 오른손 우又, 흙 토土가 결합됐다. 눈을 내리깐 채 오른손을 땅에 짚고 충성 맹세를 하는 모습이다. 견고堅固에 쓰인다.

### 어질 현賢

굳을 견臤+조개 패貝다. 눈을 내리깔고 순종적으로 일 잘하는 하인에 조개 패가 합쳐졌다. 주인의 재산을 잘 지켜주는 노동력이 현명賢明이란 것이다. 알고 보면 구차한 어원이다.

재상 재宰

집 면宀+매울 신辛이다. 형벌의 도구를 갖고 집을 주관하는 자가 재상宰相이다. 이를 보면 신하는 별로 좋은 의미는 아니다. 눈치를 보면서 어려운 사람을 못살게 구는 이미지다. 높은 사람에겐 절대복종하면서 아랫사람들을 괴롭히는 형상이다.


## 마지막은 민족이다

민족民族은 백성 민民과 겨레 족族이 결합한 단어다. 백성百姓은 백 가지 성씨를 가진 사람들이란 뜻이다. 민民은 한쪽 눈을 찔러 도망하지 못하는 노예를 뜻한다. 명령에 순순하게 따르게 하려고 한쪽 눈을 찔러 잃게 했다. 그렇게 하면 거리 감각을 잃어 전투력은 상실하고 노동력은 남는다. 참 잔인하다. 족族은 깃발 언㫃+화살 시矢다. 전쟁에 대비해 깃발과 화살을 준비하는 사람이란 말이다.

한자계의 구루인 시라카와 시즈카의 얘기를 인용한다. "옛날엔 부족 간 전쟁이 끊이지 않았다. 부족을 묶어 타 부족과 전쟁을 벌이거나 강화를 맺었다. 겨레 족族은 깃발 아래 화살을 그려둔 모습이다. 이때 깃발은 씨족의 휘호이며 화살은 그 아래에서 행하던 일종의 의식이다. 기旗, 정㫍 등은 모두 부족의 상징 문양을 그려놓은 깃발의 상형 글자다."

왕, 신하, 백성을 한자로 보면서 무슨 생각을 했는가? 내가 생각하는 정치인의 재정의는 표식票識 동물이다. 국민과 국가의 안녕보다는 어떻게 하면 표를 얻어 권력을 잡을 수 있을까만을 생각하는 사람이다. 관리는 어떨까? 위의 눈치를 보면서 한편으로 국민을 못살게 구는 사람이다. 그들 역시 국민에겐 별 관심이 없다. 국민보다는 자신의 유익과 연금에만 관심이 있다. 문제는 눈 찔린 불쌍한 국민들이 지나치게 정치인을 사랑하고 관리에게 의존하고 있다는 것이다. 좀 더 현실적인 눈을 가져야 한다.

# 운명

옮길 운運, 목숨 명命

심조만유心造萬有 일체유심조一切唯心造다. 마음이 세상 만물을 만들고 모든 것은 마음먹기에 달렸다는 말이다. 과연 그럴까? 늘 자신은 우월하고 다른 사람들은 지질하다고 생각하는 사람이 있다. 당연히 그런 생각은 무시라는 행동으로 드러난다. 남만 무시하는 게 아니라 배우자와 자식까지 무시한다. 무시당한 사람은 복수를 노린다. 자식과는 절연하고 남편은 알코올 중독으로 치료를 받고 있다. 참으로 험한 인생이다.

맵킨 수도원의 유명한 인용문이 이를 경고하고 있다. "생각을 조심하라. 그것이 행동이 될 수 있다. 행동을 조심하라. 습관이 될 수 있다. 습관을 조심하라. 성격이 될 수 있다. 성격을 조심하라. 운명이 될 수 있다. 생각이 행동이 되고 행동이 습관이 되고 습관이 성격이 되고 성격이 운명이 된다." 운명運命은 자신이 어떤 생각을 하느냐에 따라 결정된다. 당신은 사람에 대해, 자신에 대해, 세상에 대해 어떤 생각을 하고 있는가?

# 위인

클 위偉

내가 생각하는 위인偉人은 부드러운 사람이다. 딱딱하고 권위적이고 표정이 없는 그런 사람이 아니라 부드럽고 따뜻해 무슨 말이라도 할 수 있게끔 만드는 사람이다. 크다, 훌륭하다는 뜻의 위偉를 파자하면 사람 인亻+가죽 위韋다. 여기서 위韋는 뻣뻣한 가죽이 아니라 무두질을 거쳐 부드러워진 가죽이다. 물론 이 해석은 아무런 학문적 근거는 없다.

참고로 가죽에는 세 종류가 있다. 피皮, 혁革, 위韋다. 피는 가죽의 껍질이다. 그냥 벗긴 소가죽 같은 걸 연상하면 된다. 혁은 피를 햇빛에 말린 가죽이다. 아직 딱딱하다. 위는 피를 무두질해 부드럽게 한 가죽이다.

# 유혹

쬘 유誘

여자 팔자는 뒤웅박 팔자란 말이 있다. 어떤 남편을 만나느냐에 따라 달라지기 때문이다. 나는 남자 팔자도 어떤 아내를 만나느냐에 따라 달라진다고 생각한다. 그만큼 부부의 인연은 보통 인연이 아니다. 그래서 부부를 보면 묻고 싶은 게 많다. 어떤 인연으로 결혼했는가? 어떻게 사랑에 빠졌는가? 첫눈에 반했는가? 왜 반했는가? 누가 먼저 호감을 느꼈는가? 결혼하게 된 결정적 사건이 있었는가? 처음부터 좋아했는가, 아니면 우여곡절 끝에 결혼했는가?

독일의 유명한 작곡가인 펠릭스 멘델스존Felix Mendelssohn Bartholdy의 할아버지인 모제스 멘델스존Moses Mendelssohn은 저명한 철학자였다. 그런데 그는 꼽추였다. 어느 날 모제스는 함부르크에 있는 한 상인 집을 방문했다가 그 집 딸 프로메트Fromet Guggenheim에게 한눈에 반했다. 외모로만 보자면 하늘과 땅 차이였다. 집으로 돌아갈 시간에 모제스는 용기를 내 프로메트에게 다가갔다. 하지만 그녀는 아는 체도 하지 않았다.

모제스가 "당신은 결혼할 배우자를 하늘이 정해준다는 말을 믿

나요?" 하고 묻자 프로메트는 고개를 돌린 채 "네"라고 답했다. 그러자 모제스는 이렇게 말했다. "한 남자가 태어날 때 신은 신부가 될 여자를 정해주지요. 제가 태어날 때였습니다. 신이 '너의 아내는 곱사등이다'라고 말했습니다. 놀란 저는 안 된다고 소리쳤습니다. '제 신부에게 아름다움을 주십시오. 대신 저를 꼽추로 만들어주십시오.'" 그 말을 들은 프로메트는 모제스를 찬찬히 들여다보았다. 그가 달라 보였고 둘은 곧 사랑에 빠졌다.

솔직히 이 얘기를 듣고 믿어지지 않았다. 하지만 두 가지 면에서 놀랐다. 하나는 모제스 멘델스존의 기발한 멘트였다. 어떻게 그런 생각을 할 수 있었을까? 아마 미리 많은 생각을 했을 것 같다. '만약 마음에 꼭 드는 여자가 나타나면 어떻게 할까?' 하고 미리 머릿속으로 시뮬레이션하고 몇 가지 시나리오를 정해놓지 않았을까 하는 생각이다. 그를 보면 유혹誘惑의 꾈 유誘가 말씀 언言+빼어날 수秀인 이유를 알 것 같다. 역시 말을 잘해야 여자를 유혹할 수 있다. 또 다른 하나는 아무리 그래도 꼽추와 결혼을 결심한 프로메트도 보통 사람은 아니라는 것이다.

# 의지
## 뜻 의意, 뜻 지志

"뜻이 있는 곳에 길이 있다There is a will, there is a way."

내가 좋아하는 영어 속담이다. 살면서 여러 차례 이를 경험했기 때문이다. 직업을 바꾸게 된 것도, 저자가 된 것도, 사람들과 이런 식의 소통을 하게 된 것도 막연한 생각이 의지로 바뀌면서 그 의지가 길을 만들어준 것 같다.

그런데 의지意志란 무엇일까? 어떻게 해야 의지가 생길까? 의지는 갖고 싶다고 가질 수 있는 것일까? 구체적인 방법은 모르겠지만 한자를 보면 힌트를 얻을 수 있다. 뜻 의意와 뜻 지志는 둘 다 마음 심心이 들어 있다. 의지는 마음에서 나온다는 것이다. 의意를 분해하면 소리 음音+마음 심心이다. 마음을 속에만 담지 말고 말로 표현하라는 걸로 난 해석한다. 기합이 좋은 사례다.

일본인들은 요시よし라는 말을 자주 사용한다. 한번 해보자고 할 때 그 말을 한다. 혼자서 혹은 단체로 외치는 구호도 의지가 될 수 있다. 난 퍼팅할 때 가끔 이를 체험한다. 제법 먼 거리에 있지만 "한번 넣어보자. 얍!" 하고 외친 후 공이 들어가는 걸 몇 번 경험했

다. 생각을 말로 내뱉은 순간 실제 그런 일이 일어나는 것이다. 그게 의지가 아닐까? 물론 아무런 학문적 근거는 없다.

그렇다고 의지意志에 너무 의지依支하면 안 된다. 의지는 한계가 정해져 있고 그 한계를 넘는 순간 폭발하기 때문이다. 대표적인 것이 다이어트다. 보통 사람들이 하는 다이어트는 무턱대고 먹고 싶은 걸 참는 것이다. 물론 단기적으로는 참는 게 도움이 되지만 어느 순간 무너지면서 도로 아미타불이 된다. 이른바 요요현상이다. 의지에 의지하는 대신 습관에 의지해야 한다. 운동을 하겠다느니 글을 쓰겠다느니 의지를 불태우는 대신 이를 반복해 습관으로 만들어야 한다. 그래서 나도 모르게 그 행동을 하면 된다. 의지는 중요하지만 의지를 습관으로 만들고 그 습관이 내 리추얼ritual이 되게 하는 게 중요하다. 문제는 사람들이 의지만 불태우다 장렬하게 전사한다는 것이다.

# 이기다

이길 영贏

몇 년간 중국어 선생을 모시고 중국어 공부를 했다. 그런데 난 회화보다 한자 그 자체를 공부하고 싶었다. 중국은 이미 간자체簡子体를 사용하고 있어 원래의 한자 공부에는 한계가 있었다. 참 아쉬워하던 차에 국립외교원에서 중국어를 가르치는 진리 교수를 알게 됐다. 그녀는 중국인이지만 한국인 남편과 결혼해 한국어에도 능하다. 두 나라에서 살다 보니 두 나라 문화 차이를 누구보다 잘 알고 있다. 그녀와 얘기하다 보면 새로운 깨달음이 많이 온다.

한국에 온 후 가장 이해하기 힘들었던 게 무엇인지 묻자 그녀는 이렇게 답했다. "친구와는 절대 동업하지 않는다는 말을 정말 이해할 수 없었어요. 그럴 때마다 저는 속으로 친구와 일하지 않으면 누구와 일해야 하는지 묻고 싶었어요. 중국인의 꽌시關係와 한국인의 대인관계對人關係에는 큰 차이가 있다고 생각했어요." 그녀가 생각하는 꽌시는 미래지향적이다. 서로의 꽌시를 공유하면서 폭이 넓어진다. 핵심은 신세를 져야 한다는 것이다. 우리나 일본인은 신세 지는 걸 싫어하는데 그럼 어떻게 친해지느냐는 질문이다. 일리가 있다는 생각이다.

그녀에게 한자 관련 책을 쓴다고 도움을 요청했더니 이길 영贏을 소개했다. 난생처음 보는 단어인데 중국인들에게 익숙한 단어란다. 중국에서 오래 살았던 지인에게 이 단어를 보여줬더니 대번에 알아본다. 중국 발음은 잉이다. 이긴다, 번성한다는 뜻이다. 파자하면 죽을 망亡, 입 구口, 달 월月, 조개 패貝, 무릇 범凡 다섯 단어가 들어 있다. 이기기 위한 다섯 가지 조건이다.

### 죽을 망亡

언제든 망할 수 있다는 위기의식을 가져야 한다. 이게 정말 중요하다. 리더는 남들이 축배를 들 때 미래를 걱정해야 한다. 몇 대가 먹고살 정도의 부를 축적한 이건희 회장이 늘 미래를 생각하면 잠이 안 온다고 한 게 바로 그것이다. 위기의식이 있어야만 한다. 개인도 그렇고 조직도 그렇다.

### 입 구口

소통의 중요성이다. 변화와 성장을 위해서는 끊임없이 소통해야 한다. 가장 먼저 나 자신과, 그다음은 주변 사람과, 그리고 낯선 사람과 소통해야 한다. 책을 읽는 것도 게을리하면 안 된다. 소통의 채널이 끊기는 순간 무너진다.

### 달 월月

시간이 중요하다. 뭐든 갑자기 되지 않는다. 시간이 필요하다. 그런데 우리는 너무 급하다. 번갯불에 콩을 구워 먹으려 한다. 오랜 시간을 투자해야 한다. 몸도 그렇고 지식도 그렇다.

### 조개 패貝

무슨 일이든 돈이 필요하다. 변화하고 발전하기 위해서는 돈이 든다. 성장을 위해서도 돈을 써야 한다. 자기 돈으로 책도 사보고 강연도 듣고 고수들을 만나 밥도 사야 한다. 돈을 들이지 않고 할 수 있는 일은 거의 없다.

### 무릇 범凡

평범의 그 범凡이다. 여기선 평정심 정도로 해석하는 게 무난하다. 난 이를 루틴routine으로 해석한다. 무슨 일이든 갑자기 뭔가를 하는 건 힘들다. 또 벼락치기로 얻은 건 벼락처럼 빠져나간다. 이를 습관으로 만들어야 한다. 그래야 성과를 낼 수 있다.

# 이해와 소유
## 이치 이理, 풀 해解

   부자가 되기 위해서는 돈을 이해해야 한다. 돈이 무언지, 돈을 어떻게 해야 벌 수 있는지, 또 그 돈을 어떻게 유지할 수 있는지를 알아야 한다. 사람을 얻는 것도 그렇다. 사람에 대한 이해가 있어야 좋은 사람을 얻을 수 있다. 건강도 그렇고 몸도 그렇다. 사람들은 멋진 몸매와 건강한 몸을 갖고 싶어 한다. 하지만 몸에 관해 공부하려 하지 않고 결과만 얻으려 한다. 평생 다이어트를 하는 사람이 있다. 한동안 날씬해졌다 싶었는데 어느 날 보면 다시 원상태로 돌아가 있다. 살이 좀 쪘다 싶으면 밥을 굶고 약을 먹고는 어느 정도 됐다 싶으면 중지한다. 몸에 대한 무지에서 오는 행동이다. 당연히 몸도 예전으로 돌아간다. 아니, 예전 몸만도 못한 상태가 된다. 다이어트를 반복할수록 몸매뿐 아니라 건강도 나빠진다. 이런 사람은 평생 좋은 몸을 가질 수 없다.

   좋은 몸을 가지려면 먼저 몸에 대해 알아야 한다. 몸에 관해 공부해야 한다. 몸이 무엇이고, 어떤 이치를 갖고 있고, 건강을 위해서는 무엇을 해야 하고, 하지 말아야 할 것이 무언지 이해해야 한다. 그래야 좋은 몸을 가질 수 있다. "이해할 수 없으면 소유할 수 없다." 괴테Johann Wolfgang von Goethe가 한 말이다.

# 인연

## 인할 인因, 인연 연緣

당신에게 가장 소중한 인연因緣은 무엇인가? 내가 생각하는 인연은 '인이 연으로 이어지는 것'이다. 인이 연으로 이어지면 인연이고 인이 연으로 이어지지 않으면 인만 존재한다. 인할 인因은 원인原因 할 때의 그 인이다.

인연이 늘 좋은 건 아니다. 인연을 잘못 맺으면 비극으로 이어질수도 있다.

# 자기
## 스스로 자自

　살면서 가장 많이 쓰고 가장 많이 듣는 말이 무얼까? 그중 하나가 자기自己다. 아내가 나를 부르는 호칭은 자기다. 하루에도 자기란 말을 수백 번은 하는 것 같다. 다른 사람에게 나를 소개할 때도 '우리 자기'란 말을 쓴다. 언제부터 자기가 배우자를 부르는 말이 됐는지는 모르겠다. 하지만 난 이 자기란 말이 싫지 않다. 아니, 좋다. 사실 자기는 스스로를 지칭하는 말이다. 자기계발, 자기소개란 말은 모두 스스로를 계발하고 소개하는 것을 뜻한다.

　자自라는 글자는 여러 용도로 쓰인다. 일반적으로는 스스로라는 뜻으로 쓰인다. 대표적으로 자연自然이 있다. 여기서 연然은 본래 타다는 뜻으로 파자하면 고기 육肉+개 견犬+불 화火다. 개고기를 익히려고 불사르는 것을 뜻한다. 고기를 익히니 맛있다는 뜻이다. 그런데 후대로 내려오면서 '그러하다'로 뜻이 바뀐다. 그래서 불탈연, 그럴 연이라고 한다. 참고로 경주 최씨의 처세술에 6연然이 있다. 그중 넘버원이 자처초연自處超然이다. 혼자 있을 때 초연하라는 말이다. 괜히 여기저기 전화하고 이상한 생각하지 말고 조용히

198

있으라는 것이다.

　자自는 코를 뜻하기도 한다. 휴식休息, 질식窒息 할 때의 숨쉴 식息에 들어 있다. 코로 내쉬는 숨이란 의미다. 자식子息에도 쓰인다. 나는 자식 덕분에 숨을 쉴 수도 있고 자식 때문에 숨이 막힐 수도 있다는 걸로 해석한다. 냄새 취臭는 코를 뜻하는 자自+개 견犬이다. 개가 냄새를 잘 맡기 때문에 만들어진 게 아닐까 추측해본다. 악취惡臭, 탈취제脫臭劑 등에 쓰인다. 비염鼻炎의 코 비鼻에도 자自가 들어 있다.

　마지막으로 자自는 어조사로 사용된다. 영어의 프롬from에 해당한다. ~으로부터의 의미다. 영어의 투to에 해당하는 한자는 이를 지至. ~으로부터 ~까지의 의미다. 이것의 가장 좋은 사례는 자초지종自初至終이다. 초初는 처음이고 종終은 마지막이란 뜻이다. '처음부터 끝까지'란 말이다. 또 다른 말로는 자고이래自古以來가 있다. '옛날부터 내려오면서'의 의미다. 자고이래 하늘 아래 새로운 건 없다. 하지만 자초지종을 알면 새롭게 볼 수 있다.

# 자리이타와 이타자리
## 자기 자自, 남 타他

 택시를 탔는데 기사 얼굴이 무척 피곤해 보였다. 말을 걸었더니 사연이 나온다. 빚만 없어도 살 것 같다는 것이다. 왜 빚을 졌느냐는 질문에 이렇게 말한다. "아들이 하나 있는데 공부를 못했어요. 그런데 유학을 원해 호주에 몇 년간 유학을 보냈어요. 요즘 돌아와 취직은 했는데 그놈 때문에 2억 정도 빚을 졌어요. 택시로 버는 돈은 주로 이자로 나갑니다. 정말 빚만 없어도 살 것 같아요."
 기사의 말을 들으며 참 분수에 넘는 행동을 했다는 생각이 들었다. 부모 입장에서 이해는 하지만 나중에 자식은 부모에 대해 어떻게 생각할까? 고마워할까? 자식 입장에서 무능한 부모는 큰 짐이다. 부모 생각만 해도 뒷골이 땅길 가능성이 크다. 바둑에 아생연후살타我生然後殺他란 말이 있다. 먼저 내가 확실하게 살아남을 수 있다는 것을 확인한 다음에 상대의 돌을 잡으러 가야 한다는 말이다. 내가 살아야 자식도 살 수 있다. 내가 무능하면 온전히 그 부담이 자식에게 간다. 백세 시대 최고의 가치는 경제적으로 육체적으로 자식에게 부담이 되지 않는 것이다. 그게 부모의 도리다.

한자는 어떻게 공부의 무기가 되는가

불교는 자리이타自利利他 정신을 강조한다. 자신에게 이로운 것이 남에게도 이롭다는 말이다. 중요한 것은 순서다. 우선 자신에게 이로워야 한다. 비행기에서는 비상착륙 시 엄마가 먼저 산소호흡기를 착용하고 이어 아이에게 산소호흡기를 채우라는 안내방송이 나온다. 엄마가 정신을 차려야 아이도 살릴 수 있다. 자신을 버려둔 채 아이만 신경을 쓰다가는 둘 다 죽을 수 있다. 이게 자리이타 정신이다. 자신이 먼저 깨달음을 얻은 후 다른 사람을 깨울 수 있다.

그런데 기업은 반대다. 자리이타가 아니라 이타자리利他自利다. 남을 먼저 이롭게 하면 자신에게 좋다. 고객을 만족시키면 만족한 고객이 찾아오고 그러면 사업이 번창하면서 내게 유익이 된다. 미국 제약회사 머크는 이런 철학을 갖고 있다. "약은 환자를 위해 존재한다. 환자를 위하다 보면 이익은 저절로 생긴다." 자신만을 위해 갈 수 있는 곳에는 한계가 있다. 하지만 누군가를 기쁘게 해주기 위해서라면 우리는 더 멀리 갈 수 있다. 남에게 이로운 것이 실제 내게도 이로운 것이다.

# 재색명리
## 재물 재財, 빛 색色, 이름 명名, 이로울 리利

　인간은 재색명리財色名利를 추구한다. 돈, 이성, 이름, 이익의 순서다. 부귀영화富貴榮華를 쫓는다. 돈, 귀함, 영화로움, 화려함이다. 여기서도 돈이 최우선이다. 그만큼 삶에서 돈의 비중이 큰 것이다. 그런데 현실은 다른 얘기를 한다. 외면보다는 내면을 중시하라고 하고 명성보다는 자기 인격에 관심을 두어야 한다고 말한다.

　인격人格과 명성名聲은 어떤 관계에 있을까? 인격은 내가 누구인지 말해주는 것이고 명성은 그런 나에 대한 다른 사람들의 생각이다. 인격을 갖추면 명성은 따라오지만 명성이 있다고 인격이 쫓아오진 않는다. 명성은 대단히 중요하다. 그러나 명성은 인격에 기초해야 한다. 천천히 그 사람의 인격에 감동한 사람들이 소문을 내면서 만들어진 명성이 진짜 명성이다. 그렇지 않고 인격에 기초하지 않는 명성, 줄을 잘 서서 높은 자리에 올라 만들어진 명성은 쉽게 무너진다. 명성보다는 인격을 갖추는 것이 우선이다.

# 절차탁마
## 끊을 절切, 갈 차磋, 다듬을 탁琢, 갈 마磨

　나만의 정과 망치를 가져야 한다. 떼어내고 조각하고 다듬고 윤을 내야 한다. 윤내기는 작품의 마지막 단계다. 인생에 비유하자면 온갖 시련을 견뎌내고 성공한 사람의 얼굴과 같다. 그런 사람의 얼굴은 성취감으로 빛이 난다. 그런데 대리석에 윤을 내는 작업은 반드시 마지막에 행해져야 한다. 윤을 내기 전에 우선 깎아내고 조각하고 다듬어야 한다. 대리석에 윤부터 낸다면 아무것도 완성하지 못한다.

　우리 삶도 그렇다. 필요 없는 것을 떼어내고 다듬으며 인생을 조각하는 것이다. 사람들과 어울리고 정보를 받아들이고 삶에 형태를 부여해야 한다. 그다음에 삶의 거친 부분이 역경과 고통을 통해 다듬어지도록 해야 한다. 크리스 와이드너Chris Widener의 저서 『피렌체 특강』에 나온 내용이다. 난 이 얘길 들으면서 절차탁마切磋琢磨가 연상됐다. 자르고 차이 나는 부분을 없애고 쪼고 갈라는 말이다. 자동차 정비소에 붙어 있는 "닦고 조이고 기름치자"란 표어도 떠올랐다.

# 정리와 정돈

## 가지런할 정整

정리 정돈이란 말을 자주 한다. 정리整理는 버리는 것이고 정돈整頓은 버린 후 찾기 쉽게 재정리하는 것이다. 여기서는 순서가 중요하다. 정리가 먼저고 다음이 정돈이다. 정리가 되지 않으면 정돈은 의미가 없다. 버리는 게 먼저고 그 이후 배치를 다시 해야 한다. 그런데 버리는 게 쉽지 않다. 물건을 볼 때마다 수많은 생각이 떠오르기 때문이다. 물건에 관한 추억이 있는 경우도 있고, 다시 쓸 수 있겠다는 생각도 들고, 다른 사람에게 필요할 수도 있다고 간주하는 경우도 있다. 간혹 그런 경우가 있긴 하지만 대부분 다시는 찾지 않는다.

내 경우 가장 큰 건 책이다. 수많은 책을 사고 누군가 보내오고 하는데 읽은 책도 있고 읽지 않은 책도 있다. 정리의 가장 큰 적은 언젠가 읽을 수도 있겠다는 생각이다. 그런데 그렇지 않다. 지금 읽지 않는 책은 세월이 지나도 읽지 않는다. 왜 그럴까? 한가한 시간이 생기지도 않고 그때 읽지 않았던 책을 시간이 지났다고 읽게 되지는 않기 때문이다. 그리고 그때가 지나면 또 다른 신간이 나를 기다린다. 그래서 요즘은 과감하게 책을 버린다. 잔인하게 버린다. 한 번도 읽지 않은 비싼 책도 미련 없이 버린다. 내가 안 읽은 책을 자식들이 읽을 리는 없다고 애써 다짐한다. 그래도 책은 계속 쌓인다.

그런데 어떤 순서로 버려야 할까? 버리는 데도 순서가 있다. 정답은 없지만 정리 컨설턴트인 곤도 마리에Marie Kondo의 조언이 도움이 된다. 첫째, 부피가 큰 것을 버린다. 다음은 책이나 서류를 버린다. 그다음은 잡동사니이고 마지막은 추억의 물건이다. 잘 버리는 건 능력이다. 아무나 할 수 있는 일이 아니다. 고스톱에서도 버리는 순서가 있다. 비풍초똥팔삼이다. 우선순위가 무언지 알아야 잘 버릴 수 있다. 간디Mahatma Gandhi는 집착을 버리고 권력을 버리고 기득권의 특권을 버리라고 했다. 그런 것에 집착한다면 리더로서 높은 도덕 수준을 유지할 수 없기 때문이다.

"버려야 할 것이 무엇인지 아는 순간부터 나무는 가장 아름답게 불탄다." 도종환의 시 「단풍 드는 날」의 일부다. 난 먼저 무엇을 버려야 할까?

# 제사와 무당
보일 示, 무당 무巫

**제사**祭祀

제사란 무엇일까? 제사는 누굴 위한 것일까? 요즘 같은 시대에도 제사를 지내야 할까? 제사로 이익을 보는 사람과 손해를 보는 사람은 누구일까? 내가 제사를 지낼 때마다 가졌던 의문이다. 나 역시 오랫동안 제사를 지냈지만 최근에는 포기했다. 죽은 사람을 위해 하는 행사 때문에 산 사람들의 희생과 갈등이 커지는 걸 방지하기 위해서다.

한자에 유난히 제사 관련 글자가 많다. 한자 공부를 하다 보니 제사는 내가 생각하는 이상으로 비중이 큰 행사였다. 제사는 신성하고 절대적이고 누구도 거기에 대해 이의를 제기할 수 없는 행사였다. 제사에 대해 알아보자.

### 제사 제祭

보일 시示 위에 고기를 뜻하는 육달월 육月, 오른손 우又가 놓인 꼴이다. 제단에 고기를 손으로 놓는 것이 제사다.

### 기도祈禱

두 글자 모두 빈다는 의미다. 기祈는 보일 시示+도끼 근斤이다. 전쟁에 나가기 전 제단 앞에 도끼를 놓고 죽지 않고 제발 살게 해달라고 승리를 비는 형상이다. 도禱는 보일 시示+목숨 수壽다. 제발 오래 살게 해달라고 비는 것이 아닐까?

### 빌 축祝

축하祝賀는 빌 축祝, 하례할 하賀다. 축祝은 제단 앞에 무릎을 꿇고 기도하는 모습이다. 하賀는 더할 가加+조개 패貝다. 조개는 돈을 뜻하니 돈을 더하는 것이 축하다. 말로만 축하하는 건 축하가 아니란 의미다.

### 오를 등登

등산登山의 오를 등登 역시 제사와 관련이 있다. 걸음 발癶+콩 두豆다. 두豆는 제사 때 쓰는 제기를 뜻한다. 제기를 들고 산에 가는 모습이다. 수필隨筆에 쓰이는 따를 수隨 역시 제사에서 유래했다. 제사 고기를 뜻하는 수隋+갈 착辶이다. 제사 고기를 들고 언덕을 오른다는 뜻이다. 둘 다 제사를 위해 오르지만 오를 등은 제기를 들고 오르고 따를 수는 고기를 들고 오른다는 점이 다르다.

### 특별할 특特

제사를 위해 특별하게 기른 절의 소 또는 관청의 소를 특特이라

한다. 거기서 파생한 글자가 뭔가를 만든다는 의미의 제조製造다. 지을 조造는 고백할 고告+갈 착辶이다. 신에게 고하러 갈 때 사용할 제물을 만든다는 뜻이다.

### 평안할 녕寧

집 면宀+마음 심心+그릇 명皿+고무래 정丁이다. 여기서 고무래 정丁은 제단으로 해석할 수 있다. 제단 위 그릇에 물을 떠놓고 마음으로 잘되길 비는 것이 녕寧이다. 안녕安寧에 쓰인다.

### 복 복福

운수를 뜻하는 복福 역시 제단에 술을 올린다는 뜻이다.

## 무당巫堂

그런데 누가 제사를 지낼까? 두 사람이 제사를 주관했던 것 같다. 절대 권력자인 왕과 무당이다. 임금 왕王은 글자 그대로 하늘과 땅을 연결한다. 맨 위가 하늘을 뜻하고 맨 아래가 땅을 뜻하는데 중간에서 하늘과 땅을 연결해주기 때문에 왕인 것이다. 무당 무巫도 그렇다. 장인 공工 자가 골격으로 하늘과 땅을 잇는다는 의미다. 공工 자 좌우에 사람 인人 자가 두 개 있다. 무는 하늘과 땅을 이어주는 사람이다. 이승과 저승을 연결하는 사람이 무당이다.

신령 령靈에도 무당이 들어 있다. 비 우雨와 무당 무巫 사이에 입 구口가 세 개 있다. 하늘에 대고 비가 오게 해달라고 무당이 주문을 외우는 모습을 형상화한 것이다. 농경사회에서 가뭄은 무서운 천재지변이었다. 이때 무당이 동원된다.

말 이을 이而는 수염이란 설 외에 머리를 묶지 않은 무당의 모습이란 설이 있다. 구할 수需는 머리를 풀어 헤치고 기우제를 지내는 무당의 모습이다. 참고로 선비 유儒는 사람 인人+구할 수需다. 유학儒學이란 학문도 무당에서 출발했을 것이란 추측을 하기도 한다. 견딜 내耐 역시 무당과 연관이 있다. 인내하며 비를 기다리는 무당의 모습을 보며 만든 글자란 것이다.

# 좌우
### 왼 좌左, 오른 우右

좌파와 우파의 구분도 흥미롭다. 좌파左派는 손에 공구를 들었고 우파右派는 공구 대신 입으로 남을 돕는다는 의미다.

보좌관補佐官은 사람의 왼쪽에서 돕는 사람이다. 그렇다면 오른쪽에서 돕는 건 무엇일까? 「애국가」 가사에서 "하느님이 보우하사 우리나라 만세" 할 때의 보우保佑다. 천우신조天佑神助 할 때도 오른쪽에서 돕는다.

# 집
## 집 가家

집 때문에 난리다. 너무 올랐고 앞으로도 더 오를 것 같다. 그러다 보니 젊은 사람들은 집 살 엄두를 내지 못하고 이게 결혼의 장애 요인으로 발전하고 있다. 집값이 너무 오르다 보니 어려운 사람들은 좀 더 싼 집을 찾아 교외로 가게 된다. 집은 단순한 거주 공간을 넘어 재테크 수단으로 변질되기도 한다. 그래서 서점에 가장 많은 책이 부동산 관련 책이다. 과연 집이란 무엇일까? 옛사람들은 어디서 살았을까? 집을 어떻게 생각했을까?

### 동굴 혈穴

최초의 인간은 동굴洞窟에 살았을 가능성이 크다. 동굴은 그 자체로 한자다. 고을 동洞에 동굴 굴窟이다. 몸을 굽히고 들어가는 굴인데 고을 동洞 자에 물 수氵변이 있는 걸로 봐서 물 때문에 만들어진 게 동굴이 아닐까 추측해본다. 동굴에 물이 있으면 더 좋다는 뜻도 될 수 있다. 연구할 구究에도 동굴 혈穴이 들어 있다. 여기에서 구九는 끝나다란 뜻이다. 굴이 끝나는 곳까지 파고 들어간다는 뜻이다.

막힐 질窒에도 동굴 혈穴이 들어 있다. 동굴 혈穴＋다할 지至다. 동굴이 다했다는 것이니 더 이상 갈 곳이 없는 것이고 그래서 숨이 막힌다는 것이다. 질식窒息에 쓰인다. 절도竊盜란 말도 흥미롭다. 훔칠 절竊은 동굴 혈穴＋벼 화禾＋벌레 설卨이다. 창고의 곡식을 축내는 벌레처럼 훔치는 걸 말한다.

## 집 면宀

생긴 거 그대로 지붕처럼 보인다. 여기서 나온 대표 글자가 집 가家다. 집 면宀＋돼지 시豕다. 집을 지을 때 제물로 돼지를 바쳤다는 설도 있고, 돼지처럼 가족이 번성하라는 설도 있고, 인간과 돼지가 같은 공간에서 살았기 때문이란 설도 있다. 집 택宅은 집 면宀＋의탁할 탁乇이다. 지붕 밑에 의탁해 산다는 뜻이다. 두 글자를 합하면 가택家宅이다. 가택연금은 지붕 밖으로 나오지 말라는 것이다. 거실, 욕실, 실내 할 때의 집 실室은 집 면宀＋다할 지至다. 집이 다란 뜻이 아닐까?

## 집 사舍

작은 집을 뜻한다. 경사진 지붕 밑에 대들보와 토대가 있는 형상이다. 사람 인人＋길할 길吉로 해석하기도 한다. 사람은 작은 집에 사는 것이 좋다는 것이다. 내 생각엔 작은 집에 사는 사람들이 큰 집을 시기 질투하면서 만든 말 같다. 난 좁은 집보다는 넓은 집이

한자는 어떻게 공부의 무기가 되는가

좋다.

## 집 옥屋

넓고 큰 집을 뜻한다. 죽을 시尸+다할 지至다. 사람이 이르러 사는 곳이 집이란 의미인데 죽을 시가 들어 있어 너무 큰 집에 사는 것이 좋지 않다고 해석하는 사람도 있다. 서류상으로 거주지居住地란 단어를 사용한다. 하고 많은 말 중에 왜 거주란 말을 쓸까? 살 거居는 죽을 시尸+오랠 고古다. 사람이 오래 사는 곳이란 의미다. 잠시 사는 곳이 아니라 계속 그곳에 사는 것을 거주라고 한다.

## 돌집 엄广

글자 모양대로 한쪽 벽이 없는 모양이다. 집의 다른 형태로서 주거용이 아닌 용도의 건물이다. 점포店鋪가 대표적이다. 점포 같은 상가는 늘 한쪽이 열려 있어야 한다. 그래야 손님이 들어올 수 있다. 관청官廳도 그렇다. 대민 업무를 해야 하는데 막혀 있으면 안 된다. 차고車庫, 정원庭園, 정부政府, 법정法庭, 광장廣場 모두 한쪽 벽이 열려 있다.

# 체덕지
## 몸 체體, 덕 덕德, 알 지知

지덕체知德體를 갖춘 인간이 되자. 어린 시절부터 귀에 못이 박히도록 들은 내용이다. 중요성을 의심한 적이 없다. 그런데 순서에 대해 요즘 의문을 품는다. 아는 게 그렇게 중요할까? 아무리 알아도 체력이 없거나 싸가지가 없으면 소용없지 않을까? 난 몸이 가장 중요하다고 생각한다. 그다음은 덕이다. 덕이 재능을 앞서는 덕승재德勝才를 지향한다. 그다음이 지知란 생각이다.

이는 나만의 생각이 아니다. 영국의 철학자 존 로크John Locke 역시 지덕체가 아니라 체덕지體德知 순으로 아이들을 교육해야 한다고 주장했다. 이 이론에 따라 이튼스쿨 등 영국의 명문 학교는 지금도 운동을 제일 많이 시키고 이어 덕성을 훈련한다. 우리는 어떤가? 완전히 반대로 교육한다. 종일 학생을 가두어둔 채 머리만 사용하게 한다. 누가 봐도 정상적인 프로세스가 아니다.

체력을 먼저 길러야 한다. 게으름, 나태, 짜증, 우울, 분노는 체력이 떨어졌을 때 나타나는 현상이다. 체력이 몸을 지배한다는 증거다. 우리나라의 하나고등학교 역시 체덕지를 순서로 한다는 얘기를 들은 적이 있다. 바람직한 현상이다. 내 몸을 컨트롤할 수 있으면 내 인생도 컨트롤할 수 있다. 내 몸을 컨트롤할 수 없으면 내 인생도 컨트롤할 수 없다.

# 축열과 방열

## 모을 축蓄, 놓을 방放

온돌의 핵심은 축열蓄熱과 방열放熱이다. 열을 효과적으로 축적하고 서서히 배출할 수 있어야 한다. 세상 이치도 그렇다. 한 분야에서 일가를 이루고 그 업계에서 한가락 하려면 뭔가를 꾸준히 쌓을 수 있어야 한다. 계속 축적할 수 있는 메커니즘을 만들거나 습관을 만들어야 한다. 지식, 경험, 좋은 인맥, 체력 모든 것이 그렇다. 축적 없이 갑자기 원하는 뭔가를 이루긴 어렵다.

그래서 1만 시간의 법칙이란 말이 나왔는데 요즘은 6만 시간의 법칙을 얘기하는 사람도 있다. 1만 시간은 하루 10시간씩 3년 정도 하면 거의 채우는데 그 정도 갖고 할 수 있는 일은 별로 없다는 것이다. 특히 학문 분야가 그렇다. 대강 20년은 해야 한다는데 난 이 말에 동의한다. 그런데 축적만으로는 안 된다. 축적한 걸 효과적으로 쏟아낼 수 있어야 한다. 축적만 하고 배출하지 않으면 변비 현상이 생긴다. 후적박발厚積薄發이란 말도 이 개념과 일맥상통한다. 두텁게 쌓아 살짝 드러낸다는 뜻으로 글쓰기와 학문은 이래야 한다는 말이다. 소동파蘇東坡가 한 말이다.

당신은 무엇을 축적하고 있는가? 혹시 축적 없이 방전만 하는 건
아닌가? 아니면 축적도 방전도 하지 않은 채 공회전을 하는 건 아
닌가? 난 20년 가까이 책 소개를 하기 위해 독서를 하고 여기저기
서 정보를 습득하고 있다. 이 과정이 내겐 최고의 축적 과정이다.
강의와 글쓰기는 축적된 걸 방전하는 과정이다.

# 침과 하품
## 침 연次, 하품 흠欠

### 침이란 무엇일까

우리는 언제 침을 흘릴까? 맛난 걸 볼 때다. 또 언제 침을 흘릴까? 무언가 부러울 때도 침을 흘린다. 뭔가 갖고 싶을 때, 심지어 멋진 이성을 보고도 침을 흘린다고 말한다. 마음에 드는 상대에게 침을 발랐다는 속된 표현도 쓴다. 도대체 침이란 무엇일까? 침을 뜻하는 한자인 침 연次은 물 수氵+하품 흠欠으로 구성된다.

여기서 퀴즈를 하나 풀어보자. 선망, 도적, 활기의 공통점은? 아마도 맞추는 사람이 드물 것이다. 정답은 침이다. 한자를 살펴보자.

### 선망羨望

'선망의 대상'이란 말을 한다. 선망은 부러워하여 바라는 마음이다. 부러워할 선羨은 양 양羊+침 연次이다. 큰 양을 보고 침을 흘린다는 뜻이다. 부러울 때 침을 흘리는 걸 형상화한 글자다.

한자는 어떻게 공부의 무기가 되는가

### 도적盜賊

도적질할 도盜를 보자. 침 연次+그릇 명皿이다. 그릇을 보고 침을 흘리다 결국 훔친다는 뜻이다. 그릇 자체가 은그릇처럼 좋을 수도 있고 그릇 안에 있는 음식이 탐났을 수도 있다. 침을 흘리다 참지 못하고 결국 훔치는 상황을 묘사했다.

### 활기活氣

살 활活은 물 콸콸 흐를 괄이라고도 한다. 물 수氵+혀 설舌이다. 혀에 물이 가득한 걸 표현했다. 기막힌 묘사다. 6개월 된 손녀 다민이는 늘 입안에 침이 가득 고여 있고 늘 침을 줄줄 흘린다. 내 어깨는 다민이를 안고 나면 늘 침으로 젖는다. 내가 생각하는 침은 젊음의 상징이다. 젊을수록 침이 가득하고 늙으면 침이 사라진다. 아이들은 침을 질질 흘리지만 노인은 입이 바싹 말라 있다. 활이란 글자는 침을 질질 흘리는 아이 모습을 보고 만든 것 같다.

## 하품이란 무엇일까

퀴즈를 하나 더 풀어보자. 욕심, 환영, 사기의 공통점은? 이 답도 의외일 것이다. 답은 바로 하품이다. 모두 하품 흠欠이 들어 있다.

### 욕심欲心

부러움은 욕구의 일종이다. 대표적인 한자로 욕구할 욕欲이 있다. 파자하면 계곡 곡谷+하품 흠欠이다. 무언가 욕구가 있을 때 입을 계곡처럼 벌린다는 뜻이다. 무언가를 갖고 싶어 나도 모르게 입을 벌리는 장면을 그린 것이다.

### 환영歡迎

기쁠 환歡은 황새 관雚+하품 흠欠이다. 황새처럼 입을 벌리고 사람을 맞이하는 형상이다.

### 사기詐欺

속일 기欺에도 하품 흠欠이 들어 있다. 입을 크게 벌려 허풍을 치면서 남을 속인다는 뜻이다.

한자를 공부한 후 내가 생각하는 침과 하품의 핵심 코드는 부러움이다. 부러움은 욕구의 일종으로 바라고 갖고 싶은 마음으로 이어진다. 당신은 최근 무언가를 보고 침을 흘린 적이 있는가? 자기도 모르게 입을 벌린 적이 있는가? 무엇을 선망하는가? 어떤 욕구가 있는가?

# 통쾌
## 아플 통痛, 쾌할 쾌快

　자주 통쾌痛快의 한자를 물어보는데 사람들은 대부분 통할 통通으로 생각한다. 그렇지 않다. 아플 통痛을 쓴다. 왜 그럴까? 아픔 다음에 오는 쾌함이 정말 쾌함이기 때문이다. 일방적으로 이기는 경기, 승부가 뒤집히지 않을 경기는 지루하다. 가장 짜릿한 경기는 역전승을 거두는 경기다. 사람들은 패색이 짙었던 경기를 한순간에 뒤집을 때 열광한다. 그게 바로 통쾌다.

　사는 것도 그렇다. 부잣집 자식으로 태어나 공부를 잘해 어른이 돼서도 잘 먹고 잘살았다는 건 아무 관심을 끌지 못한다. 하지만 홀어머니 밑에서 갖은 고생을 하다 성공한 얘기에 사람들은 관심을 보인다. 그게 바로 통쾌다. 아픈 후의 쾌함이 통쾌다.

# 폐쇄
닫을 폐閉, 열쇠 쇄鎖

폐쇄閉鎖는 닫은 후 열쇠로 잠근다는 뜻이다. 닫지 않으면 열쇠로 잠글 수 없다. 닫는 것이 먼저다. 닫아야 잠글 수 있다. 댓글에 시달리는 유명인이 많다. 널리 알려져 있는 데 따른 유명세다. 댓글에 시달리지 않는 방법이 있다. 모든 활동을 중단하고 칩거하는 것이다. 문을 닫고 열쇠로 잠그면 된다. 스스로를 폐쇄하면 된다. 그런데 그게 쉽지 않은 것이다.

# 표리부동

## 겉 표表, 속 리裏

가끔 김박사넷이란 사이트를 본다. 유명 대학 교수들의 솔직한 평판을 볼 수 있기 때문이다. 그 교수 밑에서 일했던 대학원생들 눈에 비친 교수의 모습이다. 연구실 분위기, 인품, 강의 전달력, 논문 지도력, 실질 인건비 등의 항목으로 나누어 교수를 평가하고 있다. 그 외에 주관적으로 교수 평가를 하고 있다. 대학원 진학을 목표로 하는 사람이나 교수에게 자문하려는 기업에는 아주 유용한 사이트다.

우연히 대중매체에 자주 등장하는 모 교수를 검색했더니 눈에 띄는 말이 있다. 표리부동表裏不同이다. 겉으로 드러난 모습과 실제 모습이 완전히 다르다는 의미다. 그걸 읽고 혼자 킥킥거렸다. 그럴 수 있겠다는 생각과 동시에 그걸 본 본인은 기분이 어땠을지 궁금했다. 이제 교수 노릇 하기도 쉽지 않겠다는 측은지심도 들었다. 그런데 표리부동은 정확히 어떤 뜻일까? 겉 표表, 속 리裏, 같지 않다는 뜻의 부동不同을 합한 말이다. 글자 그대로 겉과 속이 다르다는 한자다. 사실 누구나 표리부동하지 않을까? 인간은 누구나 여러 모습을 갖고 있는데 겉과 속이 일치하길 바라는 건 무리란 생각도 든다.

표表와 리裏는 둘 다 옷과 관련한 단어다. 표表는 겉에 난 털을 뜻한다. 가죽옷의 털 있는 부분이 밖으로 나오게 입었기 때문이다. 리裏는 옷 의衣+마을 리里인데 여기서 리里는 솔기를 뜻한다. 털이 있는 게 겉이고 솔기가 있는 게 안이란 뜻이다.

의외로 속과 관련한 한자가 많다. 이면裏面을 들여다본다는 말도 사실은 안을 들여다본다는 말이다. 겉이 아니라 속을 본다는 말이다. 또 다른 말은 이면지裏面紙다. 사무실 비용 절감의 주된 메뉴다. 원가절감 얘기가 나오면 이면지를 사용하라고 한다. 한쪽 면만 복사하고 버리지 말고 안 쓴 면도 복사해 사용하자는 것이다. 난 개인적으로 반대다. 복사한 면에 또다시 복사하는 경우도 있고 소중한 회사 기밀이 빠져나갈 수도 있기 때문이다. 뭔가 아끼는 것 같지만 사실 비용 대비 효과가 떨어진다고 생각한다. 뇌리腦裏를 스친다 할 때도 리裏를 쓴다. 뇌의 안쪽이란 말이다. 수표에 이서裏書한다고 할 때도 리裏를 쓴다. 일상에서 의식하지는 못하지만 자주 쓰는 한자다.

리裏는 일본에서도 많이 쓰는데 우라라고 발음한다. 우리가 속어로 자주 쓰는 말로 '우라기리' 하면 배신을 뜻하고 '우라까이' 하면 기자들이 남의 기사를 적당히 베껴서 쓰는 걸 말한다.

# 풀

## 풀 초艸

생명력이 강한 것 중 하나는 풀이다. 사람들이 아무 관심을 두지 않아도 기회만 되면 비집고 나온다. 심지어 풀은 아스팔트와 콘크리트를 뚫고도 나온다. 어떻게 그렇게 여린 풀이 콘크리트를 뚫고 나올 수 있을까? 인류가 지구에서 사라져도 풀은 살아남을 것이다. 겨울의 끝을 가장 먼저 알리는 것도 풀이다. 아무도 돌보지 않지만 풀은 꿋꿋하게 눈을 뚫고 얼굴을 내민다. 봄 춘春은 원래 풀 초艸+언덕 둔屯+날 일日로 구성되어 있었다. 햇빛 비치는 언덕에 풀이 솟아나는 형상이다. 그런 면에서 풀은 곧 생명이다.

풀 초草

풀 초艸+이를 조早다. 이른 봄에 소생하는 풀이란 의미다. 초목草木에 쓰인다.

꼴 추芻

가축에게 먹일 풀을 손으로 뜯는 모양이다. 되새김을 뜻하는 반

추反芻에 쓰인다.

### 싹 아芽

풀 초艸+어금니 아牙다. 이빨처럼 강하게 뚫고 나오는 싹이란 말이다. 아기 입에서 처음 이빨이 나오는 것과 풀이 땅을 뚫고 나오는 것을 연결한 발상이 흥미롭다. 발아發芽에 쓰인다.

### 약 약藥

풀 초艸+즐거울 낙樂이다. 치료의 즐거움을 주는 초목이란 말이다. 약국藥局, 제약製藥에 쓰인다.

### 모을 축蓄

풀 초艸+가축 축畜이다. 가축용 풀을 모아 놓은 형상이다. 저축貯蓄, 축적蓄積 등에 사용한다.

### 깨어날 소蘇

풀 초艸+차조기 소穌다. 차조기는 꿀풀과의 한해살이 해독제다. 위급한 자에게 차조기죽을 먹이면 소생蘇生한다고 한다.

### 쑥 호蒿

풀 초艸+높을 고高다. 풀 중 최고란 뜻이다. 쑥은 약효가 많아 여러 용도로 쓰이니 풀 중 최고인 게 맞다.

# 피로연

### 헤칠 피披

    자주 쓰는 말인데 좀 이상한 말이 제법 있다. 결혼식이 끝난 후에 하는 피로연이 그렇다. 왜 행복한 결혼식 후 피곤을 연상케 하는 피로연을 하는 것일까? 언제 피로연이란 단어를 처음 들었는가? 난 작은 이모 결혼식 때 처음 들었다. 어른들이 피로연을 하러 간다고 했다. 그런데 난 이 말이 너무 이상했다. 피로연이 뭐지? 사람을 피로하게 하는 것이 피로연인가? 피로연이 뭔지 묻고 싶었지만 바쁜 어른들을 피로하게 할 것 같아 물어보진 않았다.

    당신은 피로연이 왜 피로연인지 알고 있는가? 아니면 습관적으로 남들이 쓰니까 나도 쓰고 있는 건가? 피로연披露宴 역시 한자 말이다. 헤칠 피披, 드러낼 로露, 연회 연宴이다. 헤치고 드러내는 자리란 말이다. 사실 결혼식은 엄숙하고 경건한 의식이다. 함부로 자신을 드러낼 수 없고 그래서도 안 된다. 긴장 속에서 진행될 수밖에 없다. 하지만 식이 끝난 후는 달라야 한다. 술도 한잔하고 음식도 먹으면서 서로 얘기도 나누고 속내도 털어놓자는 것이다. 그래서 이름을 피로연으로 한 것으로 난 해석한다. 형식은 집안마다 나라마다 다르지만 의미는 비슷한 것 같다.

현재 우리는 어떤가? 결혼식이 끝난 후 식사하는 게 피로연이다. 식사 자리에 결혼식을 끝낸 신랑신부가 옷을 바꿔 입고 돌아다니며 인사를 하는데 일종의 피로연이다. 예복을 벗고 일상복으로 갈아입고 본인을 드러내기 때문이다.

헤칠 피披 가 쓰이는 또 다른 말은 속마음을 드러낸다는 의미의 피력披瀝이다. 헤칠 피披 에 거를 력瀝 이다. 물방울이 떨어지는 모습을 뜻한다. 속마음을 열어 물방울을 쏟아내듯 말하는 것이다. 그냥 말하는데 피력이란 말은 쓰지 않는다. 참고로 피곤하다는 의미의 피로疲勞 는 피곤할 피疲 에 일할 로勞 다. 일하느라 힘들다는 의미다. 피로연과는 완전히 다른 단어다.

피로연이란 말의 한자를 아는 것과 모르는 것에는 어떤 차이가 있을까? 그냥 외우는 것과 뜻을 알고 익히는 것 사이에는 어떤 차이가 있을까? 그냥 외우면 피로하다. 이해하면 쉽게 외울 수 있다. 그럼 그 자리에 맞는 단어를 잘 쓸 수 있지 않을까? 한자를 알아야 하는 이유다.

# 학문
배울 학學, 물을 문問

    배우고 묻는 것이 학문學問이다. 흔히 학문을 한다고 하면 강의를 듣거나 책을 읽고 이해하는 걸로 생각한다. 그래서 '학문하는 사람' 하면 교수를 연상한다. 내 생각은 조금 다르다. 교수 중에도 학문과 담을 쌓은 사람이 있고 일반인 중에도 학문을 열심히 하는 사람이 있다고 생각한다.

    그것을 구별하는 기준점은 무엇일까? 글자에 이미 답이 나와 있다. 묻는 사람이 학문하는 사람이고 묻지 않는 사람은 학문하는 사람이 아니다. 내가 생각하는 학문은 배우고 질문하는 사람이다. 학문의 출발점은 의심이다. 의심 후에 내 생각을 정립하라는 말이다. 그 정점은 질문이다. 질문할 수 있어야 한다. 질문하는 사람이 바로 학자다.

# 호흡

## 쉴 호呼, 마실 흡吸

세상에 호흡呼吸만큼 중요한 건 없다. 생명은 호흡이다. 숨을 몇 분만 쉬지 못해도 우리는 죽는다. 그런데 호흡이란 무엇일까? 호呼는 내쉬는 것이고 흡吸은 들이마시는 것이다. 흡호가 아니라 호흡이다. 내쉬는 게 먼저고 그다음이 들이마시는 것이란 의미다. 내쉬면 자연스럽게 들이마시게 되고 내쉬지 못하면 들이마시지 못한다. 들이마시는 것보다는 내쉬는 게 중요하다.

# 후적박발

두터울 후厚, 쌓을 적積, 얇을 박薄, 필 발發

후적박발厚積薄發은 두텁게 쌓아 살짝 드러낸다는 뜻으로 소동파가 한 말이다. 쌓는 것이 먼저고 드러내는 것은 나중이다. 레퍼런스가 두터우면 자신도 모르게 이를 드러내게 된다. 주머니 속의 송곳이란 뜻의 낭중지추囊中之錐와 통한다. 반대로 아는 게 없으면 시끄럽긴 한데 쓸 만한 내용이 없다. 아는 것도 없으면서 자꾸 아는 척을 하게 된다. 소동파는 부자가 농사짓는 것과 가난한 사람이 농사짓는 것을 이렇게 비유한다. 부자는 여유가 있으니까 땅을 놀려 가며 농사를 짓는다. 당연히 땅에 힘에 있고 곡식이 잘 된다. 가난한 사람은 땅을 놀릴 틈이 없으니 땅에 힘이 없고 좋은 씨앗을 뿌릴 여유가 없다. 참고 기다릴 여유도 없다. 늘 가난하게 살 수밖에 없다.

그럼 공부가 먼저일까? 여유가 먼저일까? 여유가 있어야 공부할 수 있고 공부하면 여유가 생기면서 선순환이 일어난다. 반대로 먹고살기 힘든 사람은 여유가 없으니 공부하기 어렵고 그동안 배운 알량한 지식을 방전하면서 근근이 먹고 산다. 여유가 생겨도 공부에는 신경을 쓰지 못한다. 먹고살기 위한 공부는 엄격한 의미의 공부가 아니다. 재미도 없고 억지로 할 가능성이 크다. 하고 싶은 공부를 할 수 있어야 한다. 여유가 있을 때 그런 공부를 해야 한다. 그래야 자신을 채울 수 있고 채운 걸 통해 부를 창출할 수 있다.

# 힘
## 힘 력力

개인도 국가도 힘이 있어야 한다. 그래야 자신을 지킬 수 있고 남도 도울 수 있다. 힘이 없으면 자유도 없다. 누군가의 도움 없이는 살지 못하는데 어떻게 자유를 말할 수 있는가? 예나 지금이나 힘의 중요성은 아무리 강조해도 지나치지 않다. 다만 힘의 종류와 성격이 변하는 것 같다. 아니 훨씬 다양해진 것 같다. 예전에는 육체적인 힘을 최고로 쳤지만 지금은 그보다는 돈의 힘, 아는 것의 힘, 네트워크의 힘 등이 더욱 중요하다.

힘이란 무엇일까? 옛사람들은 힘을 어떻게 생각했을까? 힘을 뜻하는 한자는 힘 력力인데 호미의 모양이다.

### 더할 가加

힘 력力+입 구口다. 호미를 정화하는 의례를 나타낸다는 설이 유력하다. 입으로 칭찬해 힘을 더해주라는 말이다. 힘을 내라고 옆에서 소리를 치며 격려하는 장면이 연상된다. 중국인들은 힘내라는 말을 짜요加油라고 한다. 기름을 더 부으라는 말이다. 참 잘 만든 말이라고 생각한다. 더할 가加가 들어 있는 글자로 아름다울 가嘉가 있다. 환희歡喜, 희열喜悅 할 때의 기쁠 희喜에 더할 가加를 더한 것이다.

### 열등할 열劣

적을 소少+힘 력力이다. 힘이 적으니 열등하다는 뜻이다. 이것의 반대는 뛰어날 우優다. 관련해서는 우등생과 열등생을 생각하면 된다.

### 힘 합할 협劦

힘 력力이 세 개 있으면 힘 합할 협劦이다. 더 이상의 설명이 필요 없다. 여기서 나온 대표적인 한자는 협력할 협協이다. 열 십十+힘 합할 협劦이다. 힘을 합해 열 개나 되는 일을 하자는 것이다. 도울 조助에도 힘 력力이 들어 있다. 또 차且+힘 력力이다.

### 움직일 동動

무거울 중重+힘 력力이다. 무거운 물건은 힘을 써야 움직일 수 있다는 말이다. 운동運動에도 힘 력力이 들어 있다. 운運은 마차를 움직이는 것이고 동動은 무거운 걸 움직이는 것이다. 힘을 만들려면 자꾸 움직여야 하고 무거운 걸 들어야 한다. 힘이란 저절로 생기는 게 아니다.

## 부지런할 근勤

사람은 일해야 한다. 근로자, 근로장학금 할 때의 근로勤勞 두 글자는 모두 힘 력力이 들어간다. 부지런할 근勤은 진흙 근堇+힘 력力이다. 진흙에서 빠져나오려면 열심히 힘을 써야 한다는 뜻이다. 힘쓸 로勞는 개똥벌레 형螢+힘 력力이다. 나는 형설지공螢雪之功처럼 반딧불을 켜고 밤늦게까지 공부해야 한다는 뜻으로 해석한다. 비슷한 말로 근면勤勉이 있다. 어려움을 면하려면 힘써야 한다는 것이다. 노력努力도 있다. 힘쓸 노努는 노예 노奴+힘 력力이다. 노예처럼 힘써 일하란 뜻이다. 억지로 일을 하라는 것 같아 마음에는 들지 않는다.

## 모을 모募

힘 력力과 관련해 가장 흥미로운 단어는 모집募集이다. 무슨 일을 하건 마케팅이 가장 어렵다. 모집, 모객이 가장 중요하고 어렵다. 모을 모募는 없을 막莫+힘 력力이다. 힘이 없어질 때까지 모으는 것이 모집이란 말이다. 모집이 어려운 건 예나 지금이나 마찬가지인 것 같다.

## 한자는 어떻게 공부의 무기가 되는가

**초판 1쇄 발행** 2021년 11월 23일
**초판 2쇄 발행** 2022년 10월 11일

**지은이** 한근태
**펴낸이** 안현주

**기획** 류재운 **편집** 안선영 **마케팅** 안현영
**디자인** 표지 최승협 본문 장덕종

**펴낸 곳** 클라우드나인    **출판등록** 2013년 12월 12일(제2013-101호)
**주소** 우) 03993 서울시 마포구 월드컵북로 4길 82(동교동) 신흥빌딩 3층
**전화** 02-332-8939    **팩스** 02-6008-8938
**이메일** c9book@naver.com

**값** 17,000원
**ISBN** 979-11-91334-35-7  03320